AF502778

LA

PRINCIPAUTÉ DE VALACHIE

SOUS LE HOSPODAR BIBESKO

LA PRINCIPAUTÉ

DE

VALACHIE

SOUS

LE HOSPODAR BIBESKO

PAR B. A***

Ancien agent diplomatique dans le Levant

Tantæ molis erat romanam condere gentem !

Virg.

BRUXELLES

WOUTERS FRÈRES, IMPRIMEURS-LIBRAIRES
8, rue d'Assaut

1847

Un assez long séjour, à différentes époques, dans les Principautés Danubiennes, une connaissance complète de la langue valaque, ainsi qu'une relation constante avec les personnages les plus distingués de la Valachie, ont mis l'auteur du présent ouvrage à même de bien suivre le cours des événements en ce pays, et de les observer avec soin. Il peut donc en parler *sciemment*. Mais en se décidant à livrer à la publicité cette page de l'histoire contemporaine Moldo-Valaque, il s'est bien gardé de suivre l'exemple de ceux qui, de nos jours, font du théâtre de l'histoire une arène politique où la passion se déchaine, lutte avec acharnement, et où l'esprit de parti seul est juge. L'auteur de *la Principauté de Valachie sous le Hospodar Bibesko* est, autant par son caractère que par sa position, libre de toutes ces influences mesquines qui pourraient obscurcir son jugement ou égarer sa plume. Il ne s'est imposé d'autre loi que celle d'être juste et vrai. Le malheur d'un pays qui ne demande, pour prospérer, qu'à être sagement gouverné, et qui l'est, hélas! si fatalement, a seul excité son intérêt. Il n'a dit que ce qu'il savait, que ce qu'il avait vu, que ce qui était réel et constaté; et parmi les personnes qui connaissent la Valachie et son état présent, il n'en est aucune, l'auteur n'en doute pas.

qui ne témoigne hautement de l'authenticité des faits qu'il expose, et de l'impartialité de ses jugements.

Ah! si le Roi le savait! disait-on autrefois sous notre ancienne monarchie, parce que, de lui seul et de sa justice souveraine, on n'attendait jamais en vain, dès qu'il était connu, le redressement d'un grief. *Ah! si l'Empereur pouvait le savoir!* disent aujourd'hui, avec les mêmes motifs et avec le même espoir, les malheureux Valaques, toujours pleins de confiance dans leur auguste protecteur. Qu'ils se rassurent! Tôt ou tard l'Empereur Nicolas le saura; sa bonne foi ni celle de son gouvernement ne sera pas toujours surprise, et quand la vérité sera enfin connue, la question ne tardera pas à être jugée.

Carlsbad, 30 juin 1847.

CHAPITRE PREMIER.

—

Les traités.

LES TRAITÉS.

—

Les stipulations de Caïnardji, sous Catherine la Grande, qui donnaient à la cour Impériale de Russie le droit de faire des représentations à la Porte Ottomane en faveur des principautés de Moldavie et de Valachie, sont le premier traité connu qui annonce à l'Europe que ces provinces vivent d'une vie séparée au milieu des vastes possessions de la Turquie. Ces stipulations ne réussirent cependant point à soutenir les anciennes capitulations; les Moldo-Valaques se plaignaient constamment. De nouvelles négociations en leur faveur amenèrent successivement la convention explicative du traité de Caïnardji en 1779, le Sened ou acte du grand vizir en 1783, et le traité de Jassy en 1791. Malgré toutes ces stipulations, on ne put garantir la tranquillité de ces provinces; l'insurrection dite de Pasvand-Oglou [1] vint bientôt remettre tout en question. Il y avait urgente nécessité d'intervenir; néanmoins la cour de Russie essayait toujours la voie des communications amicales pour éclairer la Porte sur les malheureux effets de l'instabilité des Hospodars. Le hatti-chériff de 1802 fut le résultat de ces nouvelles démarches: cette ordonnance accordait la septennalité du Hospodarat, la suppression des impôts établis depuis l'année 1783, et l'intervention des Consulats russes, en toute circonstance où les Hospodars dévieraient de la ligne de conduite que leur traçaient les traités. Ces bases furent admises alors comme garanties suffisantes du sort des peuples habitant les Principautés; mais elles se trouvèrent inefficaces plus tôt qu'on n'aurait dû s'y attendre.

Dès la première année qui suivit le hatti-chériff de 1802, une nouvelle irruption de Pasvand-Oglou, que la faiblesse de la Porte n'avait pu empêcher, ramena le trouble dans les Principautés. Les dépenses extraor-

[1] Pacha insurgé contre la Porte.

dinaires pour armement de troupes, celles nécessitées pour apaiser les pachas turbulents, riverains du Danube, fournirent motif à des exactions écrasantes et à l'établissement de nouveaux impôts, malgré la teneur des récentes stipulations entre les deux Cours. D'un autre côté, le gouvernement ottoman, que les querelles générales de l'Europe entrainaient alors dans des voies hostiles à la Russie, se montrait peu soucieux de tenir ses engagements ; préludant à la guerre de 1806, par des infractions flagrantes et successives au hatti-chériff de 1802, il dénonça clairement ses intentions en déposant, au bout de trois années, les Hospodars nommés pour sept ans. On pressentait dès lors à St-Pétersbourg que la question d'humanité et de civilisation posée dans le principe par le traité de Caïnardji, et dont la solution appartenait à la Russie, par suite des conventions qui accordaient aux Moldo-Valaques le droit de recourir à sa protection, ne comportait plus de demi-mesures, et demanderait tôt ou tard l'adoption d'un système plus large, basé sur les anciennes capitulations, et corroboré de ces améliorations que nécessite en tous lieux la marche du temps. Tel eût été sans doute l'esprit qui aurait dicté les conditions du traité de Bukarest en 1812, si les affaires générales de l'Europe, et la guerre avec la France n'avaient alors exclusivement absorbé l'attention de l'Empereur Alexandre.

En fait, le traité de Bukarest se borna à stipuler le maintien des priviléges reconnus par le hatti-chériff de 1802 : la question se trouva ainsi de nouveau ajournée.

Le favori Halet-Effendi, qui dominait à Constantinople, nomma au Hospodarat deux de ses créatures qui durent dépouiller le pays pour satisfaire sa rapacité. Il n'est point inutile à notre sujet de donner une courte description des abus qui se commirent alors en Valachie, afin que nos lecteurs puissent être à même de comparer la situation actuelle avec celle d'alors.

L'impôt ordinaire sous le Hospodar Karadja en 1812, augmenté huit fois en sus de ce qu'il avait été fixé au budget général arrêté par l'Assemblée des boyards en 1802, d'après la teneur du hatti-chériff, s'éleva à des proportions indéfinies au moyen de suppléments additionnels ordonnancés tous les trois mois par des réunions partielles de boyards intéressés aux abus, réunions qu'on décorait du titre d'Assemblées Générales. Cet impôt, ainsi élevé, recevait encore un surcroît d'augmentation par les continuels changements que la Vestiarie [1], aidée de quelques Ispravniks [2] affidés, opérait dans son assiette. Ainsi par exemple, sous le prétexte insidieux de dégréver un district ou une commune, représentés comme ne pouvant suffire aux

[1] Ministère des finances.

[2] Préfets.

charges publiques, on procédait à des réversions sur le total des contribuables, qui, au moment du recouvrement, produisaient le double des sommes originairement décomptées. Les douanes intérieures, qui en 1802 ne prélevaient le droit que sur les villes et foires, furent étendues au plus petit hameau; les droits perçus sur les moutons, les vins et autres articles furent augmentés de dix à quinze fois plus que les traités n'avaient accordé; les réquisitions de foin et d'orge pour les écuries du Hospodar et les postes; celles de moutons et de beurre pour Viddin et Constantinople; celles de travailleurs à la journée pour la construction ou la réparation des forteresses turques sur les deux rives du Danube; celles de bois de construction pour l'amirauté, la plupart en opposition au hatti-chériff, recevaient encore, au moment de leur exécution, un surcroît de charges qui les rendaient accablantes. Souvent la Vestiarie, prétextant des besoins publics inexistants, frappait un district montagneux de réquisitions de grains, et exigeait des bois de construction d'un village situé en plaine, pour forcer les paysans à des prestations d'argent, dans l'impossibilité où ils se trouveraient de fournir les matières que la localité ne produisait point. Le voile s'épaississait sur les opérations fiscales; les bureaux de comptabilité avaient pris les allures d'une police secrète, et les minutieuses précautions de la diplomatie s'appliquaient à la levée des impôts; les formes anciennes de contrôle, qui consistaient à faire examiner les comptes de l'État en Assemblée générale, furent mises de côté ; les complaisants seuls ou les complices du Hospodar eurent mission de légaliser par signature un simulacre de budget, qui ne manquait jamais d'établir un déficit, pour servir de motif aux abus de l'année suivante. En six ans, plus de quatre mille privilégiés furent créés ; une foule d'individus qui ne se recommandaient ni par leur naissance, ni par leur mérite personnel, ni par leur richesse, furent agrégés aux rangs supérieurs de la noblesse, ce qui avilit considérablement le premier corps de l'État déjà considérablement affaibli par l'exil ou la persécution des principaux membres. Une grande quantité de Chrysobules [1] greva les fermes publiques ; on trafiqua enfin ouvertement de toutes les places administratives ou judiciaires. Les inspections des écoles, des caisses de bienfaisance et des hôpitaux devinrent des bénéfices lucratifs, et la Spatharie [2] ou police générale couronna l'œuvre en vendant les Capitainies [3] ou commandements de la maréchaussée au plus of-

[1] Lettres princières qui accordaient à des particuliers le droit de prélever une somme fixe sur le produit des impôts indirects.

[2] Ministère de la guerre, chargé en même temps de la police générale.

[3] Commandement sur les frontières.

frant, c'est-à-dire à ces mêmes malfaiteurs qu'elle se trouvait appelée à réprimer.

Une situation aussi déplorable ne pouvait durer. Les remontrances adressées à la Porte n'aboutissaient à rien : les promesses étaient éludées ; les abus allaient toujours en augmentant, et le paysan abandonnait sa chaumière pour se faire brigand ou émigrer en Turquie ; le désordre était complet. Tel était l'état des choses dans les Principautés, et l'on prévoyait que si la Porte continuait à se montrer aussi molle pour le redressement des affaires Moldo-valaques, la force deviendrait d'une nécessité absolue pour résoudre la question, lorsque la révolution grecque, se ramifiant dans l'insurrection valaque sous Vladimiresco, vint compliquer cette affaire déjà par elle-même assez difficile à régler. Cette insurrection, propagée facilement au milieu d'un peuple de mécontents, arrivait précisément à l'époque où les souverains réunis à Laybach essayaient de comprimer les perturbations partielles qui menaçaient de replonger l'Europe dans les grandes crises dont on venait de sortir. Aussi la demande formée par la Porte de faire entrer des troupes dans les Principautés pour étouffer les troubles, fut accueillie malgré les inévitables désordres qu'une occupation turque ne pouvait manquer d'amener à sa suite.

En tenant compte de l'exaspération du peuple musulman à cette époque contre les chrétiens, et du peu de moyens que la Porte possédait, même dans les temps ordinaires, pour contenir ses pachas chargés de commander loin de la capitale des troupes d'expédition, on s'explique aisément pourquoi les Principautés que des traités solennels prémunissaient contre les désastres des invasions armées, eurent cependant tant à souffrir de cette dernière occupation turque. La Porte, par ses déclarations successives aux puissances, protestait de son désir de conserver la paix avec la Russie. Elle se disait toute portée à maintenir les traités en faveur des Principautés; mais en réalité, elle n'avait point le pouvoir d'exécuter ses promesses. Au milieu des embarras de la réorganisation générale de son empire qu'il avait entreprise avec une rare intensité de conception, continuellement compromis par l'indiscipline de ses troupes dont les violences démentaient cruellement les protestations pacifiques de son Cabinet, le Sultan, qui ne pouvait ignorer que le maintien de la paix avec la Russie était à lui seul une condition de succès pour ses projets favoris de réforme intérieure, se trouva néanmoins débordé par le fanatisme de son peuple, et entraîné, malgré ses intérêts, dans la voie chanceuse des hostilités. L'Autriche, plus intéressée que toute autre puissance à éviter le conflit armé, s'évertuait en vain à Constantinople pour faire agréer sa médiation. Mais la Porte était comme frappée de vertige : elle laissait insulter les sujets russes dans ses États ; elle entravait de toutes manières le commerce de la mer Noire ; elle oubliait comme à dessein de réprimer les brigandages de ses troupes dans les Principautés où elle avait fait nommer des Hospodars indigènes : tout était de sa part aigreur, et ses soupçons allaient jusqu'à l'injure. La longanimité même de l'empereur Alexandre n'y put suffire. Intimidée cependant par les déclarations plus fermes de son illustre successeur, la Turquie entra en arrangement, et le traité d'Ac-Kerman sembla pour un temps devoir clore la longue suite des infractions précédentes et ramener dans les Principautés, avec la tranquillité matérielle, un ordre d'administration plus régulier. Cette convention porte :

1° Que les deux Principautés choisiront leurs Hospodars pour sept ans dans leurs divans respectifs.

2° Que les impôts seront fixés d'après le hatti-chériff de 1802, et avec le consentement des boyards.

3° Que le nombre des gardes turcs sera fixé une fois pour toutes, et ne pourra être augmenté par la suite.

4° Que les usurpations faites sur le territoire valaque seront restituées.

5° Que les habitants des Principautés jouiront de la liberté du commerce.

6° Que les boyards ne pourront être punis qu'à la suite d'un jugement préalable.

7° Que les Consulats russes exerceront une surveillance active et dénonceront tous les actes arbitraires qui contreviendraient aux nouvelles stipulations, comme aux anciens priviléges dont jouissaient les Principautés ;

8° Que les Hospodars seront tenus de s'occuper avec les divans respectifs des mesures nécessaires pour améliorer la situation du pays, et que ces mesures seront l'objet d'un Réglement général pour chaque province, lequel sera mis immédiatement à exécution.

Mais en attendant les bons effets des nouvelles transactions, les Principautés, administrées par des hospodars indigènes nommés par la Porte seule, se trouvaient diversement préparées à l'ordre légal que la Russie désirait y introduire. En Moldavie, le Hospodar Jean Stourdja, servilement prosterné devant les caprices des pachas commandant les troupes turques d'occupation, avait déployé, en l'absence du contrôle des Consulats russes, un caractère de violence et de rapacité qui menaçait de tarir pour longtemps les sources de la prospérité du pays. Son ignorance et son incapacité auraient pu excuser en partie les vices de son administration, si la vénalité abjecte dont il usa en matières judiciaires, et le commerce déplorable qu'il fit ouvertement des lettres de noblesse, n'avaient essentiellement compromis l'ordre public, et renversé l'existence sociale des habitants.

Il n'en fut pas de même en Valachie. Le Hospodar Grégoire Ghyka, non moins porté que ses prédécesseurs à éluder en vue de ses intérêts les conventions existantes entre les deux cours, sut néanmoins se renfermer dans le système de l'administration grecque, habile à voiler tout abus de pouvoir. Il parvint à modeler sa conduite sur les errements que lui avaient légués ceux de ses devanciers qui s'étaient le plus fait remarquer par leur prudence. La justice surtout fut rendue comme sous les princes Grecs, sans acception de personnes, et avec discernement, ce qui, avec la protection efficace accordée aux intérêts des masses, fit beaucoup d'honneur à son gouvernement, plutôt conservateur que réparateur. Cependant les anciens impôts, et particulièrement les perceptions en nature, étaient maintenus, et faisaient toujours le grief capital du pays, grief qui avait suffi pour discréditer les administrations grecques, sous plus d'un autre rapport éclairées et habiles, grief que les habitants devaient s'attendre à voir redressé par un gouvernement national arrivé au pouvoir avec la mission expresse et naturelle de corriger les abus.

Telle était la situation respective des deux Principautés, lorsque les Consulats russes y furent réinstallés à la suite de la convention d'Ac-Kerman : restait à savoir quelle serait la ligne de conduite à suivre sous l'empire du nouveau traité, et si les Principautés, en conservant le mode d'administration existant, pouvaient offrir à la Puissance Protectrice l'espoir d'avoir consolidé leur repos. Cet espoir fut bientôt déçu. Les avantages que le nouveau traité faisait aux Principautés pouvaient certainement promettre un avenir moins malheureux à leurs habitants ; mais la réalisation de ces avantages allait dépendre de ces mêmes boyards qu'un siècle de concussions impunément exercées avait habitués à regarder, comme inhérente à leur existence sociale, la perpétuité des abus érigés en priviléges. Des Assemblées furent convoquées en 1827, pour aviser à l'adoption d'un Réglement d'organisation : on y débuta par des discussions sur la quotité de l'impôt et le mode de sa perception ; et comme ces questions vitales touchaient aux priviléges, elles ne purent être résolues, car ceux-là mêmes qui semblaient professer des idées de réforme reculaient devant les conséquences de leur mise en pratique. La cour de Russie aurait pu acquérir dès lors la preuve que les Principautés ne pouvaient se suffire à elles-mêmes pour se réorganiser ; elle se borna cependant à reconnaitre que la convention d'Ac-Kerman ne pouvait être mise à exécution, et ce fait lui était constaté vers la même époque où cette convention, violemment déchirée par la Turquie, rendait nécessaire le recours aux hostilités.

On a beaucoup parlé alors des appréhensions de

l'Autriche ; et les notes menaçantes de M. de Metternich attestent les craintes sérieuses qu'on avait à Vienne de voir l'empereur Nicolas profiter de la faiblesse de la Turquie pour s'emparer définitivement des Principautés; mais une justice à rendre à la Russie, c'est que par ses actes elle n'avait donné nullement lieu à un pareil soupçon. Bien au contraire, dès le début de la guerre, le Cabinet russe adressa, en avril 1828, des instructions au comte Pahlen, nommé Président plénipotentiaire des divans, qui attestent les vues désintéressées et généreuses de l'empereur Nicolas. S'il s'était agi de conquérir, on n'aurait certes point pensé à des réglements d'organisation. Et cependant ces instructions imposent à l'administration provisoire comme premier devoir, celui de s'attacher à préparer les éléments des améliorations qui seront garanties aux Principautés à la conclusion de la paix; de plus, une instruction plus spéciale, datée de Varsovie, posa plus explicitement encore les bases de ces améliorations. C'est sur le principe de l'indépendance intérieure que les comités des boyards auront à régler l'administration; l'inutilité d'essayer de rapiécer l'ancien mode de gouvernement est pleinement reconnue. L'empereur ne s'arrête point devant la grave considération de l'intérêt commercial de ses propres États; il veut doter largement les Principautés, et lever tous les obstacles qui arrêtaient naguère leur prospérité. On obtiendra ainsi la cessation des droits du Capan [1], et la liberté complète du commerce. On organisera le travail; on établira des quarantaines; on assurera la liberté des communications; l'impôt sera uniformément réparti; le tribut à la Porte une fois fixé en argent; la justice sera gratuitement rendue; tous les priviléges tomberont; les assemblées générales seront élues par les boyards, et non plus nommées par les Hospodars. La responsabilité du pouvoir est presqu'admise. L'intérêt public enfin et la légalité vont avoir des autels dans les Principautés moldo-valaques, comme partout où les sociétés civilisées prospèrent. Aucune Puissance, dans des circonstances analogues, n'a donné un aussi noble exemple de générosité que celui offert par l'empereur Nicolas, pendant la guerre de Turquie, dans ses larges et bienfaisants desseins en faveur des Principautés et de leur avenir. Quelque soupçonneux et quelque préoccupé que l'on soit des projets de conquête et des intérêts égoïstes de la Russie, quelqu'idée que l'on se fasse de l'hypocrisie de la diplomatie, et quelles que soient d'ailleurs les banalités qu'on débite sur les arrière-pensées des gouvernements, il est encore impossible de trouver le moindre motif dans les actes de la Russie

[1] Le Capan était une compagnie de commerce turque, qui avait le monopole des denrées des Principautés, sous le prétexte d'approvisionner Constantinople.

relativement à l'organisation des Principautés qu'on puisse soit incriminer, soit même soupçonner.

A la paix, les mêmes vues généreuses prévalent dans les négociations. Le traité d'Andrinople consacre tout ce que les instructions promettaient, et les Principautés sont enfin déclarées et reconnues indépendantes pour leur administration intérieure. Ce fait important pour l'humanité coïncidait avec la reconnaissance de la Grèce en 1830. Et ces deux actes glorieux, dus à la longue lutte que la Russie avait soutenue depuis Catherine la Grande, l'histoire les comptera à l'empereur Nicolas, comme marques certaines de l'excellence de son noble cœur et de la générosité de son caractère; les peuples aussi n'oublieront point dans l'occasion, qu'il en soit bien persuadé, la dette immense qu'ils ont contractée envers cet illustre monarque.

CHAPITRE II.

—

Administration du comte Kisseleff.

ADMINISTRATION DU COMTE KISSELEFF.

La mission difficile de réorganiser les Principautés sur les bases nouvellement adoptées, avait été déférée au comte Kisseleff. Il trouva ces pays mécontents de la sévérité de son prédécesseur, souffrant de la famine, et les classes privilégiées sourdement hostiles aux améliorations projetées. L'empereur Nicolas a souvent la main heureuse, lorsqu'il lui arrive de choisir par lui-même ses agents. Cette fois, il a été au delà de sa fortune : il a fait un admirable choix. Le comte Kisseleff dépassera toutes les prévisions, et fera ressortir dans l'exécution toute la noblesse, toute la générosité des vues de son maître; il sera législateur et organisateur à larges tendances, et en même temps, administrateur économe, actif, poli et bienveillant.

Le travail des comités pour la rédaction des Réglements n'était pas même ébauché lors de son arrivée. Il a soin de s'entourer d'hommes spéciaux, et sa chancellerie diplomatique ne laisse pas que de remanier article par article le travail des comités. Les abus sont courageusement combattus; on ne laisse surnager que par forme de compensation ceux des anciens priviléges qui ne peuvent essentiellement troubler ou affecter même l'ordre public, ni devenir obstacles permanents à une future prospérité. Le Cabinet Impérial est bien renseigné; les questions sont étudiées avec soin, et l'action ne vient qu'après mûre et prudente reflexion.

Pour l'administration, on fait acheter des grains à Odessa afin de nourrir le peuple que la famine désole. Toutes les communes sont assujeties à une purification générale, à l'effet de détruire les germes de la peste devenue endémique, et en même temps des quarantaines sont établies sur le Danube, pour préserver du dehors. On procède à la vaccination générale des habitants décimés par la petite vérole. Les grandes routes sont purgées des brigands qui les infestaient; une parfaite sécurité dans les communications encourage le commerce, et les voies postales, qui étaient à peine tracées sur le sol, sont élargies et améliorées. Deux villes nouvelles sont créées sur les rives du Danube, Braïla, et Georgeowo; elles sont dotées de ces premières franchises de commune et de bourgeoisie qui attirent les populations et les prédisposent à s'y fixer et à s'y concentrer. L'uniformité de l'impôt et l'abolition des corvées rappellent le cultivateur au travail : il reprend la charrue et rebâtit sa chaumière; ses redevances au seigneur sont fixées, et sa liberté proclamée. Une troupe disciplinée à l'européenne garantit le maintien de l'ordre; des écoles, des hôpitaux sont institués; des règlements de voierie, le déséchement des marais et le pavage des rues, assainissent les villes dont les populations maladives étaient régulièrement atteintes du fléau des fièvres pernicieuses. Les employés valaques sont tenus en lisières, et partout ils sont guidés par des employés russes spéciaux : secrétariat d'État, finances, intérieur, justice, cultes et instruction publique, toute l'administration enfin passe au creuset de la chancellerie particulière du comte Kisseleff, où des employés russes contrôlent sous ses yeux et redressent les actes des employés titulaires valaques. En 1831, tout marche déjà d'après la nouvelle législation.

Il serait impossible, à moins d'écrire un livre spécial,

de faire comprendre l'activité élevée jusqu'au génie qui créa en moins de cinq ans une société florissante et prospère dans un pays appauvri jusqu'aux haillons, courbé sous l'arbitraire jusqu'à l'abrutissement, et au milieu duquel toute idée de morale avait péri dans une longue suite d'inénarrables misères. On s'imagine d'ordinaire que rien ne se fait avec sagesse que ce qui se fait avec lenteur et pour ainsi dire à force de temps ; le comte Kisseleff a donné un bel exemple des droits exceptionnels du génie. Une constitution écrite sur une feuille de papier est bientôt faite ; mais elle ne tient lieu aux peuples , ni de mœurs , ni de religion , ni même de gouvernement. Qu'est-ce que les mille constitutions de l'Amérique du Sud ont créé ou maintenu ? Chaque peuple a sa vie particulière ; c'est celle-là , qu'il faut s'attacher à saisir pour la régler. On ne peut détruire cette vie, pour lui en faire une autre, sans le tuer. La chose paraît toute simple , et cependant au milieu des plus grandes nations le problème n'est pas encore résolu , au moins d'une manière satisfaisante. Le comte Kisseleff , sur un théâtre peu brillant, fit cependant beaucoup pour l'humanité et même pour la science. Il n'écrivit point des lois d'après des théories, et ce n'est point en cela qu'il marcha vite ; mais il en écrivit de possibles à mettre en œuvre dans les Principautés, les fit goûter de ses administrés, et les appliqua avec une sagesse et un tact infinis. Cette mémorable administration, qui brille un moment dans les annales obscures de ces pays, livrés depuis des siècles aux abus de la force, cessa en avril 1834. Elle avait duré quatre ans et six mois. Le comte Kisseleff emportait avec lui, pour récompense de la pureté exemplaire de sa gestion, les bénédictions du peuple moldo-valaque, chez lequel il fit adorer le nom de l'empereur Nicolas à l'égal de celui de la divinité.

A cette époque, le revenu de la Valachie était

de	14,722,709 P^tres^.
Les dépenses, de	13,605,045.
La caisse centrale [1].	700,000 [2].
La caisse de réserve	1,924,872.

L'impôt personnel rentrait avec facilité et ne motivait aucune plainte; les services public avaient considérablement augmenté de valeur; l'exportation atteignait le chiffre de 46 millions de piastres; les redevances du paysan au seigneur ne donnaient lieu à aucune contestation, et les dispositions réglementaires, qui régissaient ces redevances, étaient appliquées

[1] La caisse centrale reçoit l'excédent du revenu des couvents qui relèvent du pays.

[2] Ce revenu équivalait aux dépenses de cette caisse; c'est depuis sous l'administration Ghyka qu'avec l'augmentation progressive de la valeur des terres, cette caisse a pu faire des épargnes considérables, et alléger en même temps la Vestiarie d'une somme de 710,000 fr. par an.

avec impartialité, de sorte que le fermier ne trouvait point moyen de fouler le cultivateur par des exigences illégales [1]. Les caisses communales et les magasins de réserve étaient soigneusement surveillés : les routes étaient sûres ; les quarantaines remplissaient leur but ; les mesures d'hygiène publique étaient rigoureusement exécutées ; les prisons étaient assainies, les hôpitaux agrandis et merveilleusement tenus ; et des maisons de refuge, ouvertes aux pauvres et aux aliénés, avaient fait disparaître la mendicité. Les tribunaux enfin étaient en notable progrès. Les villes s'embellissaient et se purifiaient ; les habitudes et les mœurs commençaient à incliner vers une civilisation plus avancée ; les liens de famille se resserraient ; le clergé était satisfait de la part qui lui avait été faite dans les réformes, et il était décidé à en appuyer le développement ; les boyards étaient fiers de leurs sacrifices et trouvaient une ample compensation dans l'ordre public qui en était le résultat, et dans l'augmentation considérable des revenus de leurs terres, qui avaient sextuplé de valeur. Aussi la noblesse était-elle toute

[1] On verra dans le chap. 3e qui traite de l'administration sous le hospodarat d'Alexandre Ghyka, que cette question des redevances du paysan au seigneur devint le principal motif des abus, à cause de l'entêtement mal entendu des propriétaires des terres, qui s'appuyaient du vague de la loi pour permettre à leurs fermiers de fouler leurs paysans.

portée à remplir à la lettre le devoir sacré que lui imposait la loi fondamendale de garder intact le Règlement Organique, et d'en surveiller l'application. Le peuple aussi sortait de sa longue léthargie, et sur la foi de la parole impériale, il couvrait de cultures ce même sol qu'il avait si longtemps et sans fruit arrosé de son sang et de sueurs. L'ensemble avec lequel avait marché l'administration, la concordance de vœux et d'intérêts qui unissait toutes les classes des habitants dans une commune affection aux institutions nouvelles, présentaient le plus admirable spectacle politique. Telle était la situation des Principautés au moment du départ du comte Kisseleff : il ne s'agissait plus que de marcher sur les mêmes traces pour assurer cette prospérité inouïe.

CHAPITRE III.

—

Hospodarat Ghyka.

HOSPODARAT GHYKA.

Alexandre Ghyka venait d'être nommé Hospodar de Valachie. Ce choix paraissait convenable : ce boyard avait présidé à l'organisation de la milice, et avait fait preuve d'intelligence et d'activité; il sentait vivement les bienfaits des réformes; il connaissait parfaitement son pays; il était en outre capable de travail et de réflexion. Ces qualités avaient de l'importance, mais elles ne pouvaient suffire à une époque de crise, où il s'agissait de connaitre le sort des nouvelles améliorations, confiées aux mains débiles de l'administration indigène sans guide et sans frein. L'Assemblée Générale était, il est vrai, instituée pour modérer le pouvoir hospodarial; mais qui la garantirait elle-même de ses tendances rétrogrades et de ses passions? Le consulat de Russie devait certes veiller, et sur les Hospodars, et sur les Assemblées, afin de les maintenir dans le cercle des attributions que la loi organique leur avait fixée; mais il eût fallu trouver des agents qui eussent et le cœur et la capacité du comte Kisseleff pour suffire à cette tâche. A Saint-Pétersbourg, tout en admettant, en appréciant même les grands résultats obtenus par l'Administration Provisoire, on ne se faisait pas d'illusion sur le peu de probabilité de leur durée; il y eut comme un temps d'arrêt dans l'opinion : les administrations moldo-valaques, livrées à elles-mêmes, marcheraient-elles, ou non? Cette question ne resta pas longtemps indécise.

En Moldavie, le nouveau hospodar, Michel Stourdja, avait beaucoup d'habilité, une instruction étendue, et une entente parfaite des affaires; mais au fond, il était dénué de toute moralité, et ne s'occupait qu'à arrondir ses propriétés, et à augmenter ses capitaux par les moyens les moins délicats. Les boyards éclatèrent en plaintes dès la première année de son administration; des remontrances sévères lui furent adressées. En cédant à temps, en révoquant de nombreuses confirmations judiciaires illégalement accordées, en abandonnant quelques projets de convoitise par trop osés, en flattant des vanités puériles et en ne faisant aucune difficulté sur les personnes à admettre dans son conseil, il sut éviter l'orage, et réussit, en faisant patte de velours, aussi bien que les plus rompus gouvernements constitutionnels. Il n'en fut pas de même en Valachie.

Le hospodar Ghyka n'était ni avide ni flexible. Il débuta par une faute grave : il renvoya les ministres qu'il avait trouvés en place, et accorda ces fonctions importantes à des boyards peu en crédit dans l'opinion, et au milieu desquels se faisait remarquer un homme destitué par le comte Kisseleff, et renommé pour ses intrigues et son improbité. Cette fausse démarche faisait tache aux débuts du gouvernement ; elle fit naitre une opposition dangereuse dans le sein de l'Assemblée. Le consul de Russie qui y avait prêté les mains fût rappelé, et le baron Rükmann qui lui succéda se posa en contradicteur du Hospodar dont la fierté se pliait difficilement à se reconnaître des torts. Cette mésintelligence publique entrava singulièrement l'action du gouvernement. Trois années après sa nomination, le Hospodar se trouvait déjà soupçonné à Pétersbourg, en guerre ouverte avec l'Assemblée, et peu aimé du peuple qui voyait chanceler les réformes, dans les mains mal-habiles ou coupables de ministres et d'agents repoussés par l'opinion. En 1837, les élections ayant ramené dans l'Assemblée cette même opposition, plus compacte encore, les représentations du Consulat commencèrent à faire de l'impression : il y eut comme une espèce de transaction entre l'Assemblée, le Consulat et le Hospodar. Un ministère mixte fut formé, mais trop de haines et de passions avaient été remuées dans cet intervalle ; l'impopularité de la Cour et son discrédit à Saint-Pétersbourg réagissaient sur les affaires et donnaient peu de valeur à cette nouvelle combinaison. M. Constantin Cantacuzène, alors secrétaire d'État, avait seul pris sa mission au sérieux, et appuyait le Hospodar avec courage et franchise malgré les désagréments que cette ligne de conduite lui attirait de la part de l'Assemblée. Les deux frères du Hospodar, qui tenaient les portefeuilles de l'intérieur et de la milice, fraudaient le gouvernement, et se faisaient mépriser de tous côtés. Quant aux autres ministres [1], ils étaient plutôt les organes de l'Assemblée que ceux du Hospodar. Une formation aussi hétérogène par ses éléments aurait eu peu de durée, si une intrigue, assez adroite-

[1] C'étaient MM. Stirbey, Alexandre Ghyka et Constantin Soutzo, tous trois fort considérés dans le pays, et que l'influence du Consulat fit passer des bancs de l'opposition parlementaire au ministère, comme étant les plus propres à donner au gouvernement la considération et la consistance qui lui manquaient.

ment conduite, n'était venue enlever de l'arène le principal combattant, l'Assemblée elle-même. Nous donnerons quelques détails dans la narration de ce qu'on a appelé depuis et avec beaucoup de raison *la journée des dupes*, parce que c'est de cet événement que datent les causes des bouleversements qui se sont succédé jusqu'à présent, et qui sont loin encore d'arriver à leur terme.

Le baron Rükman, conformément à la convention conclue avec la Porte, avait demandé que toutes les dispositions prises par le comte Kisseleff pour l'application des réformes fussent admises comme faisant partie du corps du Règlement Organique dont elles étaient les développements nécessaires et l'application naturelle : il avait en outre exigé qu'on y rétablit la clause portant que nul changement ne pourra être fait à la loi fondamentale sans le consentement des deux hautes Cours, clause qui se trouve dans l'acte original du Règlement Organique sous la signature de tous les boyards membres de l'Assemblée extraordinaire de révision, mais qui n'avait point été insérée par inadvertance dans le texte du Règlement imprimé. Ces deux demandes, et principalement la dernière, rencontrèrent dans l'Assemblée une opposition violente qui déclama contre la Russie, et finit par en voter le rejet d'une manière tumultueuse et contraire aux formes établies. Cette véritable pasquinade mit au jour l'inintelligence de quelques boyards qui s'étaient laissé tromper par de perfides insinuations; car ce n'était point la majorité habituelle qui se livrait à ces écarts, mais au contraire les députés [1] dévoués au Hospodar, réunis à quelques-uns des membres de l'opposition, qui avaient, outre la simplicité de ne point comprendre la situation politique de leur pays, et par conséquent ses intérêts, le malheur de se montrer ingrats envers la Puissance Protectrice qui leur avait procuré ces droits mêmes dont ils mésusaient d'une manière si inconvenante. Un observateur plus froid aurait démêlé l'intrigue, et l'aurait méprisée. M. de Rükman au contraire, outré de la conduite de ces mêmes hommes qu'il avait jusqu'alors appuyés, s'adressa au Hospodar pour demander la constatation officielle des actes illégaux de l'Assemblée; et celui-ci, saisissant l'occasion avec empressement, se répandit alors en explications sur le caractère de l'opposition, sur les menées de ses chefs, qu'il représentait comme visant à renverser le gouvernement pour le remplacer, et sur l'impossibilité où il se trouvait de maintenir l'ordre public, avec une Assemblée aussi exaltée, qui,

[1] Sur les vingt-cinq députés qui vociférèrent contre les demandes du Consulat, quinze appartenaient à la minorité ou parti de la Cour, et parmi eux se faisaient remarquer M. Chéresco, ministre actuel du hospodar Bibesko, et plusieurs autres personnes exclusivement favorisées par le gouvernement actuel.

dans l'explosion de ses aveugles colères et de ses haineuses passions, ne respectait plus rien. Cette manière de voir les choses fut approuvée à Saint-Pétersbourg, et bientôt après l'Assemblée fut suspendue par firman de la Porte.

C'était la première fois, depuis l'adoption des réformes, qu'un fait aussi considérable avait lieu. Et ce fut un grand malheur pour le pays! Non point que l'Assemblée n'eût mérité d'être désapprouvée pour sa conduite aussi inintelligente que désordonnée, mais parce qu'elle devait être punie de manière à ce que les institutions nouvelles ne fussent point ébranlées. Pourquoi recourir à une illégalité, pour en punir une autre, tandis que la loi Organique fournissait le moyen légal de la dissolution et de l'appel aux électeurs? Cette faute grave, due aux insinuations du Hospodar, et au caractère emporté du Consul, prouva qu'à Saint-Pétersbourg les questions relatives aux Principautés ne sont point étudiées; qu'on s'en rapporte trop facilement aux assertions des Consuls ou des Hospodars, selon le degré de confiance que ces personnages inspirent. Et cependant le Cabinet impérial ne devait point oublier qu'il ne dispose plus d'un comte Kisseleff dans les Principautés pour lui exposer la vérité vraie, et que cela étant, les principes sont seuls à consulter là où les hommes manquent.

Quoiqu'il en soit d'ailleurs, de cette époque date la

déconsidération avouée du Règlement Organique. A Pétersbourg on s'imagine qu'on avait eu peut-être tort d'introduire dans les Principautés un mode d'institutions trop compliqué. A l'intérieur les yeux se dessillent : on croyait après tant de vicissitudes à la stabilité des lois, et on les voit périr sous une misérable intrigue. Aucun danger sérieux, aucune nécessité politique, n'excusent la suspension de l'Assemblée en 1838. L'œuvre que les traités successifs avaient préparée, les anciennes bases ou capitulations sur lesquelles vivait le pays, tous les travaux si louables de l'Administration Provisoire, la grande, la bienfaisante pensée de l'Empereur, se sont trouvés ébranlés par ce coup d'État extra-réglementaire. Et cela pourquoi? parce que le Hospodar a donné lieu, dès son avénement et par des imprudences multipliées, à une opposition légale; parce que bientôt, gêné de plus en plus par cet obstacle qu'il devait rencontrer, il s'attacha à la déconsidérer en la poussant aux plus fausses démarches; parce que le Consulat, qui devait mesurer son approbation ou sa désapprobation sur la plus stricte impartialité, se passionne de son côté, plus que le Hospodar et l'Assemblée, donne son appui tantôt aux uns, tantôt à l'autre, sans discernement, et que bientôt, fatigué de cette lutte, il se forme la malheureuse idée que ce sont les institutions qui sont la cause du désordre.

Nous avons prononcé plusieurs fois jusqu'ici le mot *opposition*. Mais comme on pourrait inférer du mot un système d'idées qui impliquent avec soi, morosité, esprit de faction, menées démagogiques et subversives, tout ce fatras enfin d'accusations plus au moins fondées que les partis se renvoient en Europe pour se dénigrer mutuellement, nous dirons ce que c'est que l'opposition en Valachie, parce qu'on y a singulièrement abusé depuis quelque temps de cette expression, qu'il s'en est suivi, de cet abus, des opinions erronées, qui ont eu accès jusque dans les hautes régions du Cabinet Impérial; que de ces opinions erronées est né un dégoût prononcé à l'encontre des affaires des Principautés et du caractère de leurs habitants, et qu'enfin ce dégoût a eu pour résultat une plus grande somme de liberté d'agir, accordée, ou plutôt abandonnée aux consuls, c'est-à-dire à leurs passions.

L'Assemblée en Valachie est formée de boyards, propriétaires terriers, et des quatre plus haut dignitaires du Clergé. Bien peu de membres possèdent une instruction ordinaire, et un nombre encore plus minime participe à de plus hautes études; mais tous, ou presque tous, étant ou ayant été employés de l'État, sont rompus aux affaires de leur pays, et se trouvent de cette manière préparés à discuter avec réflexion les matières qui s'y rapportent. Une pareille formation ne donne certes aucune prise aux spéculations socialistes ou démagogiques. Nous en demandons bien pardon aux journaux libéraux qui annoncent parfois pompeusement des nouvelles *des bords du Danube*, en classifiant les partis d'après leurs idées et leurs opinions; mais il n'existe rien de pareil dans les Principautés. Il n'existe, il n'a jamais existé d'opposition libérale ou démagogique. L'Assemblée est toujours cette même Assemblée qui, depuis les capitulations avec la Porte, est chargée de contrôler les actes des hospodars, avec cette seule différence que le Règlement Organique introduit par la Russie a voulu que ce ne soit plus le Hospodar qui en désigne les membres, mais les boyards entre eux, modification devenue nécessaire depuis l'octroi de l'indépendance intérieure qui a accru le pouvoir hospodarial, en l'affranchissant de la tutelle de la Porte et des priviléges dont la noblesse était investie.

Que si l'on vient à prétendre qu'il y a germe de désordre ; que, de l'habitude de discuter les affaires publiques, on en vient à s'oublier, à méconnaître l'autorité et à ne point la respecter, cela est et sera toujours faux, en tant que les élémens qui forment l'Assemblée seront toujours ceux admis par le Réglement Organique, et qu'on n'y apportera point de modifications. Depuis des siècles que ces habitudes sont prises, il y a eu constamment abus de la part de l'autorité ; ceci avait été si bien reconnu et constaté, que le fond des motifs nécessitant des changements à introduire dans l'administration intérieure des Principautés, a toujours été la tendance du pouvoir hospodarial à franchir ses limites, et les efforts des boyards pour le contenir. D'ailleurs, en fait, il n'y a dans l'Assemblée ni tribune, ni orateurs, ni publicité des débats; et au dehors, il n'y a encore que quelques privilégiés, et point de peuple qui entende les questions politiques, qui y prenne part et qui puisse se passionner. L'existence de l'opposition dans les Principautés est légale; elle gêne les Hospodars, mais c'est sa mission naturelle. Si les Consuls en reconnaissent tantôt l'utilité et la nécessité, et tantôt aussi la déclarent dangereuse et nuisible, ceci ne dénote autre chose que les variations de leurs relations avec les Hospodars. En somme, l'esprit de conservation n'a pas de représentants plus fermes dans les Principautés que la noblesse et l'Assemblée qui en dérive; il y a non-seulement désir, mais ardeur de maintenir ce qui est, de ne pas aller en avant, de ne pas aller en arrière. Et voilà où est principalement l'honneur de l'administration du comte Kisseleff: c'est d'avoir fait goûter les réformes à ces mêmes privilégiés dont elles restreignaient l'influence, et de les leur avoir rendues chères, tellement nécessaires même à leur existence, qu'ils consentent à subir tous les désavantages attachés au rôle d'opposition, en s'occupant de les défendre contre d'incessantes attaques. A moins de prétendre d'ailleurs qu'un peuple puisse exister sans gouvernement du tout, il y avait impossibilité de ne pas remettre au corps des boyards le contrôle des actes du gouvernement; parce que dans les pays où le pouvoir s'exerce le plus directement, comme en Russie, par exemple, le souverain, par son illustre naissance, par sa haute éducation, par les exemples de son auguste famille, par ses sentiments de religion et par son mérite distingué, impose ce respect, cette vénération, cet amour des peuples qui facilitent l'action de son gouvernement et la rendent chère aux sujets. Y a-t-il rien de tout cela en Valachie? Où sont dont l'illustre naissance, la haute éducation, les exemples d'une noble famille, les sentiments de religion et le mérite distingué chez ces Hospodars, pour leur confier sans contrôle le sort de quelques millions d'hommes? où sont encore le respect, la vénération et l'amour du peuple? Il a cependant fallu trouver une base où asseoir le gouvernement: on a pris celle qu'on a trouvée en l'améliorant, et l'Assemblée des boyards est restée telle qu'elle était, avec quelques grands priviléges de moins, et l'élection de plus. Nous ne voyons point de démagogie dans tout cela, si ce n'est tendance continuelle de la part du Hospodar et de sa cour, à échapper au contrôle de leurs actes, c'est-à-dire à violer impunément les lois, pour satisfaire leur passions et leurs convoitises.

Dans la suite de notre récit, il sera aisé de se convaincre que nous n'avançons rien sur les boyards, qui n'ait été dûment reconnu. Et dans la circonstance même de la suspension de l'assemblée en 1838, il s'est passé un fait unique dans son genre qui prouvera jusqu'à la dernière évidence les dispositions conservatrices qui dominent exclusivement dans les Assemblées lorsqu'elles ne sont point travaillées en sens contraire, et détournées de leurs devoirs par les hospodars et les consuls. Ce fait, c'est que le Hospodar Ghyka, après une année de suspension, convoqua cette même Assemblée qu'on avait rendue si tumultueuse par des excitations et des tiraillements continuels, et que cette Assemblée siégea encore trois ans, jusqu'au terme de son mandat en 1842, sans donner ni au Hospodarat, ni au Consulat, aucun motif de craindre des désordres et des perturbations, bien que lors de sa suspension elle eût été représentée comme factieuse et démagogue. Qu'est-ce qu'il y avait donc de changé pour transformer ces mêmes hommes naguère si turbulents, et pour calmer leurs passions? Il y avait que monsieur Titoff venait d'être envoyé à Bucharest. Ce changement seul avait suffi pour ramener les jours tranquilles. Le Hospodar Ghyka sentant au Consulat un homme calme et sans passions, bon juge en affaires et décidé à agir impartialement, dut mettre plus de réserve dans sa conduite, et comme il avait beaucoup de bonnes qualités, que lorsqu'on usait de délicatesse avec lui il s'en montrait reconnaissant, et que d'un autre côté, dans le corps des boyards, s'il y avait des intrigants et des ambitieux, ils ne purent plus compter sur l'appui du Consulat, la grande majorité de ce corps sentant au contraire que les réformes confiées à sa garde trouveraient toujours la protection la plus sérieuse et la plus éclairée auprès du nouveau représentant de la Puissance bienfaitrice, il s'en suivit, de cette commune confiance, un calme complet. De tous les côtés on se remit à sa place: Hospodar et Assemblée marchèrent dans un esprit d'union et de concorde, et sans plus s'accuser d'arbitraire d'une part ni d'usurpation de l'autre; et ce qui est plus essentiel, c'est que le pays y gagna sa tranquillité et sa rentrée dans la voie d'ordre et de légalité que lui avait ouverte le comte Kisseleff, auquel il faut toujours revenir lorsqu'on aura désormais à parler des Principautés, et sur lequel devraient se modeler toutes les autorités qui prennent part aux affaires de ces pays, Hospodars ou Consuls, dont les passions et le peu de connaissances pratiques sont la principale cause du désordre, et de l'oubli qu'ils font des préceptes et des exemples légués par l'homme éminent qui a présidé à l'introduction des réformes.

L'envoi de M. Titoff en Valachie était un bienfait; il aurait dû être aussi un enseignement. En remarquant que la tranquillité et le maintien de l'ordre dépendent principalement de la conduite réfléchie et du caractère honorable du représentant de Russie, on ne peut que déplorer la nécessité que M. Daschkoff, qui succéda à M. Titoff, s'était créée, de se départir de la ligne de conduite si loyale adoptée par son prédécesseur. Si le Cabinet impérial avait pu savoir combien la réorganisation des provinces moldo-valaques lui a fait d'honneur en Europe, il n'aurait point abandonné son œuvre aux mains de Hospodars ou de Consuls passionnés ou sans expérience. En Amérique, dans les Indes, en Afrique, nous avons toujours colonisé. Nous n'avons su rien faire prospérer chez les populations indigènes; et si de vastes établissements ont été formés, c'est toujours sur la ruine des enfants du sol que nous les avons élevés. Esclavage et massacre, c'est tout ce que nous avons semé sur ces malheureuses plages, qui nous ont vus aborder avec stupeur, et que l'avidité seule nous faisait visiter. Mais dans les Principautés, ce sont des peuples morts à toute idée d'ordre et de légalité, croupissant dans les misères de la plus grossière ignorance et sensibles à l'unique aiguillon de la force brutale, que la Russie convie aux bienfaits de la civilisation. Elle réussit à les placer en peu de tems dans de telles conditions de bien être, qu'elles auraient pu bientôt lutter de prospérité avec les riches provinces des plus vieux empires. C'était donner une belle preuve et de désinteressement et d'habileté; c'était surtout graver sur le roc son droit de guider et de civiliser l'Orient; c'était pleinement justifier cette tendance des peuples à se réclamer de la protection russe, à l'espérer, à croire intimement à son efficacité, tendance que notre jalousie attribue à des intrigues habilement soutenues, et à la similitude de religion et de races, mais qui au fond n'est que le résultat naturel des nobles penchants, qui, depuis l'illustre Catherine II, ont porté la famille impériale de Russie à soulager les misères des populations chrétiennes du Levant. La naissante prospérité des provinces moldo-valaques devenait, pour toutes les races qui habitaient en ilotes le sol de la Turquie d'Europe, une motif d'espoir. S'il y avait là des vues politiques, il faut avouer qu'elles s'exerçaient noblement, et au profit seul des peuples qui en étaient l'objet.

Le Cabinet impérial, en nommant un successeur à M. Titoff, ne pouvait ne pas avoir eu en vue tous les motifs de convenance et d'utilité qui militaient à ce que son choix fût porté sur une personne distinguée et apte à continuer aux administrations moldo-valaques des avis et des conseils salutaires. Et cependant le malheur des affaires humaines veut que, lorsqu'un fait quelconque a été comme prédécidé, toute la raison que nous mettons dans nos calculs tourne contre nos plus prudentes prévisions. M. Daschkoff, nommé

Consul, n'était point préparé par des travaux diplomatiques ou administratifs à cette mission. Souvent, il est vrai, le caractère supplée au talent, à l'expérience et à l'instruction ; mais c'est principalement par le caractère qu'il était impropre à la mission qui lui était assignée. A son arrivée, tout était tranquille ; trois ou quatre boyards seuls, qui avaient été ministres, et qui voulaient le devenir encore, frondaient le gouvernement : parmi eux MM. Villara et Bibesko, aujourd'hui Prince régnant, se faisaient le plus remarquer par leur violence. Prêts à tout oser pour troubler le pays, ils se sentirent démesurés depuis l'arrivée du nouveau Consul, qui n'avait ni le calme ni la prudente réserve de son prédécesseur, et qui se trouva bientôt en butte à toutes les intrigues valaques. Il arriva tout à coup qu'un dissentiment se produisit entre le Hospodar et l'Assemblée, sur une question importante, celle relative à la partie des redevances du paysan au propriétaire que le Règlement Organique n'avait point fixée. D'innombrables plaintes s'élevaient sur ce point, et d'année en année le mal s'agrandissait ; on va en juger.

Les cultivateurs sont divisés par la loi en trois classes. A chacune de ces classes le propriétaire doit fournir une portion de terre fixe, en labour, en pacage, etc. Ceux qui possèdent quatre bœufs reçoivent plus, et forment la première classe ; ceux qui n'en possèdent que deux, moins, et forment la seconde; ceux enfin qui n'en possèdent pas du tout, reçoivent aussi une portion de terre, mais encore moindre, et forment la dernière catégorie. La quotité des redevances que ces trois classes de cultivateurs payent, soit en argent, soit en travail au propriétaire, est calculée sur ces trois différentes portions de terre qu'ils reçoivent, et se trouve ainsi préfixée par la loi, de sorte que sur ce point, il ne peut y avoir motif à contestation. Mais s'il advient que le paysan ait plus de quatre bœufs, ou bien que n'en ayant que deux, ou même point du tout, il possède quelques moutons, des buffles et des chevaux; ou si ne possédant même rien de tout cela, il se trouve riche en argent, et en état de cultiver une plus grande étendue de terre que celle fournie d'obligation par le propriétaire, la loi établit que, sur ce point, il y aura entr'eux transaction à l'amiable. On peut s'imaginer, d'après la position inégale des deux parties, si le vœu de la loi peut être rempli. Le paysan ne peut quitter la terre du seigneur dans l'intervalle des sept années entre les recensements de la population, et à ces époques même, il lui est imposé des conditions restrictives qu'il lui est bien difficile de remplir, lors même qu'il le voudrait. Les tombes de ses ancêtres, et des habitudes séculaires le retenant par les mille liens de l'affection et des souvenirs, il se trouve ainsi forcé de passer par toutes les conditions qu'un propriétaire avide, profitant de sa position, voudra lui imposer. Que sera-ce donc, si comme cela se pratique en Valachie, le propriétaire ne réside point, et que le fermier seul se trouve en présence du paysan? Peut-on présumer au fermier ces sentiments d'humanité et de corrélation, qui, en établissant des rapports journaliers de sympathie entre le paysan et le seigneur, amortiraient chez ce dernier, ou atténueraient les effets des droits dont il est armé. Que sera-ce encore lorsqu'on refuserait au gouvernement, tuteur naturel des intérêts du paysan, le droit de surveiller ces transactions, et de ne les admettre qu'autant qu'elles porteraient le caractère d'amiabilité voulu par la loi? Que sera-ce enfin lorsqu'on exigera au contraire que le gouvernement soit obligé, les yeux fermés, de prêter main-forte au fermier pour l'accomplissement de ces transactions forcées, et quand les employés subalternes de l'administration, connivant avec le fermier, pressureront par mille exigences le paysan au moment de l'éxécution, et lui arracheront sa dernière obole, tandis que le gouvernement, désarmé pour punir ses propres agents, les verra se constituer en bourreaux aux ordres du fermier? Cet état de choses était un continuel tourment pour le Hospodar Ghyka. A part son devoir de chef de l'État qui ne lui permettait point de souffrir la continuation des violences exercées sur le cultivateur qui ne cessait de se plaindre, il lui devenait encore bien amer de rester comme l'éditeur responsable des rapines exercées par des employés de son administration sans pouvoir les réprimer, et de subir l'humiliation d'être accusé par ses ennemis des souffrances du paysan. Il finit par s'adresser à l'Assemblée, en lui exposant les plaintes nombreuses qui lui parvenaient, l'âpre avidité du fermier, la connivence des employés de l'administration, comme son impuissance à les réprimer, et en demandant que l'Assemblée avisât aux moyens de fixer une fois pour toutes la partie des redevances que la loi avait cru possible de laisser à l'estimation des parties intéressées. Mais l'Assemblée, uniquement composée de propriétaires, repoussa cette proposition, en se fondant sur ce que le Règlement Organique avait fixé les rapports réciproques entre le propriétaire et le paysan, et qu'il était injuste de rien innover sur ce point, vu que les boyards avaient déjà assez sacrifié de leurs priviléges pour se croire, désormais, à l'abri de toutes nouvelles atteintes qu'on essayerait de porter au peu d'avantages qui leur avaient été concédés en compensation. Cette mésintelligence entre le Hospodarat et la noblesse, ne fut point prévenue par l'interposition du Consulat dont l'avis aurait facilement décidé la question.

Le mandat quinquennal de l'Assemblée étant terminé, on allait procéder à de nouvelles élections. Les partis se remuaient pour se renforcer. Le Consulat était entouré d'intrigues; on usait de son nom pour égarer l'opinion. Toutes les fautes du gouvernement étaient complaisamment étalées, et tout ce qu'il avait fait de bien était hardiment nié. On conçoit aisément les avantages que les ennemis du Hospodar tiraient de l'inexpérience du Consul. Pour se retrouver dans ce chaos, pour se garantir des fausses opinions, pour se maintenir impartial, il faut se couvrir les yeux devant les hommes, et s'en tenir fermement aux principes; si l'on s'abandonne un seul moment au torrent, on en est emporté, et l'on finit par devenir aussi passionné que ceux dont on a mission de réprimer les écarts. C'est ce qui arriva de point en point. Il était de mode alors de prétendre que le Hospodar Ghyka était faux et hypocrite, qu'il encourageait les abus, qu'il était l'irréconciliable ennemi des réformes et de la puissance qui les avait accordées; qu'il ne recevait conseil que de notre agent M. Billecocq; qu'il adorait les Turcs, qu'il avait amassé d'immenses trésors, qu'il s'abandonnait à la plus infâme crapule, et même qu'il était laid et affreux de figure. Étrange aberration de l'esprit humain! Ces grossières accusations trouvaient crédit, et étaient ouvertement propagées par tous les individus valaques qui avaient accès au Consulat, sans que M. Daschkoff, qui aurait pu en examiner la source et en réprimer l'audace, se défendit de les écouter, et de leur faire même accueil. Et il se plaignait ensuite, dans le pays et à Pétersbourg, de ne pouvoir s'entendre avec le Hospodar, qui aurait dû être certes bien reconnaissant de la conduite qu'on tenait vis-à-vis de sa personne et de son gouvernement! D'ailleurs, M. Daschkoff avait fini par ne plus pouvoir distinguer les erreurs réelles de l'administration. A force de donner créance aux plus absurdes accusations, son attention se trouva nécessairement déplacée ; et au lieu de demander le redressement des fautes, il exigea la radiation du bien. Lorsque le Hospodar, exaspéré par le refus de l'Assemblée d'adopter les mesures nécessaires pour réprimer les extorsions des fermiers, donna ordre aux administrateurs des districts de ne plus prêter main-forte aux propriétaires qui, dans leurs arrangements avec les paysans, auraient dépassé la limite des conditions imposées aux fermiers des terres domaniales, disposition qu'en sa qualité de chef de l'État il était autorisé par le Règlement Organique à adopter et à faire exécuter dans l'intervalle des sessions de l'Assemblée, comme mesure de police tendante à assurer la tranquillité publique dans les campagnes, le Consulat éclata en plaintes et en récriminations, écrivit des notes menaçantes pour demander le rapport de cette disposition salutaire, et en rendit même l'application impossible, ni ministère, ni administrateur, n'osant plus obéir au Hospodar lorsque la désapprobation du Consulat était de notoriété publique.

Déjà le gouvernement devenait impossible ; il perdait tous les jours de sa considération dans le pays, à mesure que le Consulat s'engageait de plus en plus dans une opposition directe et passionnée. Nous passerons sur toutes les inconvenances de détail qui ajoutaient jour par jour leur niaise influence au débat déjà trop scandaleux qui divisait les deux principales autorités du pays, méconnaissant toutes deux leur expresse mission, pour arriver plus tôt à l'époque qui devait décider la lutte.

Cette époque, que le Hospodar Ghyka n'aurait pas dû attendre avant d'essayer de réparer les quelques fautes de son administration, ou à laquelle il aurait dû se préparer avec les mille moyens que sa position lui fournissait encore, cette époque vint trouver le gouvernement presque complètement désarmé. Le corps des boyards était démoralisé par la lutte entre le Hospodar et le Consulat ; M. Alexandre Villara, aujourd'hui grand vornik, c'est-à-dire ministre de l'intérieur, ameutait tous les individus qui avaient quelqu'intérêt à faire naître des troubles; M. Bibesko, aujourd'hui Prince, s'adressait à tous ceux qu'on pouvait tromper, en leur représentant le Hospodar comme abandonné par la Russie, depuis sa mésintelligence avec le Consulat. L'esprit de faction était enfin déchaîné.

C'est alors que M. Bibesko fit écrire à Paris par le docteur Piccolo, et corriger par un littérateur émérite, une brochure ayant pour titre : PAUL KISSELEFF ET LES

PRINCIPAUTÉS DE MOLDAVIE ET DE VALACHIE, *par un habitant de Valachie.* Ce petit opuscule, qui n'est qu'une notice biographique, s'adressait aux faiblesses présumées d'un personnage éminent, qui pouvait être consulté au moment de la crise, et dont l'opinion ne pouvait manquer d'être d'un grand poids. D'ailleurs, comment le comte Kisseleff aurait-il pu supposer que les mêmes hommes qui publiaient l'éloge de son administration, ne fussent point aussi les seuls propres à prendre en mains les affaires de leur pays, qu'il était de toute probabilité qu'ils gouverneraient d'après les grands principes de justice et d'intégrité dont ils se faisaient les apôtres? Ce qui est constant, c'est que M. Bibesko se fit remarquer à l'étranger par cette publication, et que de retour en Valachie, il fut considéré comme un de ceux qui pouvaient le plus efficacement servir les intérêts de l'opposition, et soutenir même le Consulat par ses relations avec des personnages importants à l'extérieur. On ne négligea point en outre les ambitions secondaires qui commençaient à croire à la possibilité d'un changement, depuis que l'opinion du Consulat contre le Hospodar n'était plus un secret pour personne, et l'on fit adresser au ministère impérial les accusations les plus violentes par le métropolitain Néophyte, qui haïssait le Hospodar pour s'être entendu avec M. Titoff à l'effet de régulariser les biens de l'Église.

L'opposition se présenta ainsi aux élections, forte de l'assentiment déclaré du Consulat, appuyée par le clergé qui était mécontent de la loi qui régularisa en 1840 les biens de l'Église, compacte par l'adjonction successive de ceux des boyards de première classe qui espéraient le Hospodarat pour eux-mêmes, recrutée enfin de tous ceux qui voyaient l'apathie du gouvernement, et craignaient de se trouver, après sa chute, l'objet des récriminations et de la vengeance des vainqueurs. Le résultat ne pouvait être douteux. L'Assemblée fut formée des ennemis les plus décidés et les plus violents du gouvernement. Mais ici, et pour que la suite de notre récit puisse être comprise, comme pour faire ressortir de nouveau le danger qu'il y aura toujours à toucher aux institutions du pays, nous expliquerons, avant de continuer la narration des faits, les motifs qui rendaient le Hospodar Ghyka si apathique au milieu de l'orage, et sur quoi reposaient au contraire les espérances de l'opposition. Le Hospodar était fatigué de la lutte. Fier par nature, il n'avait pas tardé à s'apercevoir qu'il ne lui restait aucun des moyens qu'un homme sérieux pût employer pour plaider, auprès du Consulat, les intérêts du gouvernement et ceux de la tranquillité publique qui en était inséparable. Il se décida en conséquence à s'appuyer sur les institutions seules, bien persuadé que, malgré la multiplicité et la violence de ses ennemis, malgré l'appui déclaré du Consulat, on ne réussirait point à faire signer par la nouvelle Assemblée des doléances aux deux hautes cours, pour implorer une enquête et demander sa destitution, seul cas où le Règlement Organique accorde l'enquête officielle et le changement de Hospodar dont la nomination est, autrement, à vie. Quant aux espérances de l'opposition, elles se basaient uniquement sur la certitude que le Consulat, seul écouté à Pétersbourg, ne se ferait aucun scrupule de passer sur toute considération de devoir ou de formes règlementaires, pour arriver à la destitution du Hospodar, destitution qui intéressait désormais sa propre conservation. Nous verrons bientôt, que tous deux, et gouvernement et opposition, ne se trompaient point dans leurs calculs, quoique partant de points différents; et voici de quelle manière.

L'Assemblée ayant été ouverte, les meneurs du parti pensèrent avec raison devoir profiter des premiers moments d'effervescence, et commencèrent les hostilités par l'Adresse en réponse au discours hospodarial, afin de compromettre l'Assemblée par un acte en apparence légal et que les députés les plus timides se laisseraient facilement persuader de voter, en leur insinuant qu'il ne s'agissait point de signer des doléances aux deux hautes cours, mais de signaler seulement au Hospodar quelques abus de l'administration pour le supplier de les faire redresser. Ce point ayant été ainsi décidé, l'Assemblée nomma commissaires pour la rédaction du projet d'Adresse, messieurs Villara et Bibesko, les deux coryphées du parti, qui tous deux aussi avaient été ministres du Hospodar Ghyka et qui tous deux de même allaient, avec une indicible joie, déverser sans vergogne le blâme et l'injustice sur cette même administration dont ils avaient fait partie, administration qui, si elle avait abusé, avait abusé par eux. Tant qu'ils avaient été les organes du gouvernement, ils s'étaient fait détester de leurs compatriotes par leur morgue, et mépriser du pouvoir pour leur bassesse; vrais types du Valaque parvenu et rancunier, tous deux insolents ou vils tour à tour, ils furent dans toutes les occasions les premiers désignés par l'opposition pour insulter le gouvernement, la plupart des députés ne pouvant se décider à mentir ouvertement aux faits et à leur conscience. Dans la rédaction de l'Adresse principalement, ils dépassèrent tous leurs précédents; et amplifiant sur les méfaits de l'administration à laquelle ils avaient pris part, ils mentirent contre eux-mêmes avec la plus imperturbable assurance. Dans tout autre pays, on ne croirait point à la possibilité d'un pareil renversement d'idées et d'opinions ; en Valachie cela a eu lieu, et voici le projet d'Adresse que rédigèrent messieurs Bibesko et Villara, anciens ministres du Hospodar Ghyka, aujourd'hui l'un, Prince régnant, et l'autre, ministre de l'intérieur, et marchant tous les deux de conserve. Nous l'insérons ici en entier, parce qu'elle sert à faire voir comment ses rédacteurs, parvenus au pouvoir, réalisèrent les plaintes du pays, en se livrant précisément à ces mêmes abus dont ils accusaient en grande partie, et sans preuve, l'administration Ghyka :

« Prince,

» La haute sagesse de Votre Altesse, en appréciant » la garantie qu'offrent à la prospérité publique les » institutions qui nous ont été accordées par les deux » hautes Cours suzeraine et protectrice, a bien voulu » convoquer l'Assemblée Générale pour une troisième » période de cinq années. Les membres qui la com- » posent ont l'honneur d'assurer Votre Altesse, que » la conservation intacte de ces institutions, et le » bien public dont elles sont la sauvegarde, seront » aussi l'unique but vers lequel tendent tous leurs » travaux et tous leurs efforts [1].

» Les assurances que Votre Altesse a bien voulu » nous donner que, dans la tentative des troubles » essayés l'été dernier dans la ville de Braïla, les

[1] M. Bibesko, devenu Hospodar, a demandé et obtenu la suspension de l'Assemblée ; il a administré les finances pendant quatre ans sans budget réglé, il a établi de nouveaux impôts et de nouvelles lois, de son autorité privée ; il a fait recenser la population, accordé des pensions, sans l'intervention de la législature ; il a détruit la loi des élections, et bouleversé toutes les institutions accordées par les deux hautes Cours suzeraine et protectrice.

» autorités locales n'ont point failli à la surveillance
» de tous les instants qu'exige un point aussi impor-
» tant, et que l'audace d'une pareille entreprise ne
» peut être imputée à aucune négligence de leur part,
» nous ont causé, Prince, le contentement que nous
» éprouverons toujours en apprenant le succès des
» mesures adoptées pour le maintien du bon ordre et
» de la tranquillité publique.

» Prince, l'Assemblée Générale, fidèle à ses devoirs
» et toujours soumise aux ordres de Votre Altesse,
» apportera l'examen le plus consciencieux sur tous
» les objets sur lesquels il plaira à Votre Altesse d'ap-
» peler son attention. Elle ose toutefois vous supplier,
» Prince, de vouloir bien lui permettre de s'ac-
» quitter aujourd'hui d'un de ses devoirs les plus
» sacrés, mais en même temps les plus pénibles;
» car il lui en coûte d'affliger le cœur de Votre Al-
» tesse : heureuse si elle avait pu lui épargner toute
» cause de déplaisir, l'Assemblée se serait épargnée à
» elle-même la vive douleur qu'elle ressent en ce
» moment !

» Prince, nous ne saurions vous cacher plus long-
» temps l'état critique du pays, sans assumer sur nous
» la plus grande responsabilité, en manquant aux de-
» voirs de notre mission et à la fidélité que nous de-
» vons à Votre Altesse [1].

[1] L'état critique du pays ne venait que de la mésintelligence du

» La Valachie, Prince, succombe sous les nom-
» breux abus qui ont envahi, dans l'espace des sept
» dernières années, toutes les branches de l'adminis-
» tration, et dont la marche progressive a jeté l'in-
» quiétude et la détresse dans toutes les classes de la
» population. Par une fatalité attachée à la destinée
» de notre patrie, tout ce qui fut statué, il y a à peine
» quelques années, dans le seul but de sa prospérité
» future, a malheureusement tourné contre elle; et le
» paysan, dont le sort fut alors l'objet de la plus vive
» sollicitude, est aujourd'hui de nouveau, et plus
» que jamais, en proie à la concussion et à la rapine [1].
» Ainsi l'alignement des villages et la construction
» des maisons communales, celle des écoles dans les
» campagnes, imposés primitivement aux villageois,
» dans l'espoir que leur bien-être moral et matériel

consul et du Hospodar, et des intrigues de l'opposition; l'administration n'y était pour rien autre chose que pour son apathie qui laissait carte blanche à ses ennemis.

[1] C'est une assertion fausse de tous points et qui ne mérite point de réponse. Quant aux souffrances du paysan, elles étaient en partie réelles; mais c'est l'Assemblée elle-même, comme nous avons eu l'occasion de le voir précédemment, qui avait refusé son concours au Hospodar sur cette question qui tenait aux intérêts mal entendus de la noblesse : et cependant c'est cette Assemblée qui accuse, et c'est le Hospodar qui est accusé! On ne pouvait s'attendre à plus de logique de la part de M. Bibesko, qui parvenu au Hospodarat, aggrava bien plus les souffrances du cultivateur qu'il livra sans défense à l'avidité sans mesure du fermier.

» en serait augmenté, sont depuis sept ans une cause » incessante d'abus. Cependant les maisons communales, destinées plus particulièrement à servir de » dépôts aux ordres que les autorités compétentes » sont tenues d'adresser par écrit aux communes, » sont devenues inutiles; car ces ordres sont transmis » pour la plupart du temps au moyen du dorobantz [1].

» Les greniers de réserve sont devenus, dans un » grand nombre de localités, un moyen d'exactions » ruineuses pour les paysans qui sont continuellement » rançonnés, soit qu'on les appelle à y faire le dépôt » de l'année, soit qu'ils viennent réclamer les grains » déposés trois ans auparavant, soit qu'on visite leurs » greniers. L'entretien des dorobantz qui, dans le » principe, avait été calculé de manière à ce qu'il

[1] Les mesures relatives aux greniers de réserve, aux maisons communales et aux écoles des villages, ont été adoptées et appliquées sous l'Administration Provisoire; l'Assemblée, en affirmant qu'il s'est commis des abus dans l'exécution de ces différentes mesures, commet un anachronisme, ou un gros mensonge. Quant à l'alignement des villages, à l'époque de l'Adresse, il y en avait 2,360 d'alignés sur les 4,000 qui couvrent le sol de la province ; cette opération se faisait avec lenteur à cause des réclamations fréquentes qu'elle soulevait de la part des cultivateurs et des propriétaires. Pour ce qui est des ordres écrits à afficher aux maisons communales, cette mesure n'a pu jamais être appliquée ni sous l'administration provisoire, ni sous le Hospodarat de Ghyka, encore moins a-t-on essayé de la mettre à exécution sous le gouvernement Bibesko, qui n'en fait mention dans l'Adresse que pour augmenter le nombre des griefs.

» pesât le moins possible sur les communes, est au-
» jourd'hui extrêmement onéreux à cause des injus-
» tices qui se commettent par les dispenses accordées
» dans un but d'intérêt particulier [1].

» Les abus sont bien plus graves encore dans le
» recrutement de la milice. Chaque recrue coûte à
» son village de 1,500 à 3,000 piastres. En effet, in-
» dépendamment de la somme légale de 300 piastres
» qui doit être payée à la recrue, au moment de son
» engagement, et qui s'élève presque toujours au delà
» du double, les allées et venues des villageois char-
» gés de déposer les recrues à des distances souvent
» de cinq à six jours de marche, les difficultés de
» toutes sortes suscitées par quelques officiers recru-
» teurs qui, de concert avec les autorités civiles, ren-
» voient deux et trois fois les recrues sous prétexte
» qu'elles n'ont pas les qualités requises, sont une
» source inépuisable d'avanies et d'extorsions [2].

[1] L'administration ne s'est jamais mêlée des greniers de réserve que pour les surveiller; s'il s'est glissé sous ce rapport de minimes abus, ils n'ont pu avoir grande importance et les réclamations des propriétaires auraient suffi pour les faire réprimer. Il en est de même pour les dorobantz : ce sont des questions infimes, qui ne sont mentionnées dans l'Adresse que pour faire nombre dans les griefs.

[2] Cette plainte a quelque fondement; mais il était bien difficile d'empêcher cet abus, à cause du mode de recrutement arbitraire qu'on suit jusqu'à présent, au lieu de mettre à exécution celui par conscription établi par le Règlement Organique; d'ailleurs ceci n'était

» Les réparations des routes, faites par les villages, » s'exécutent sans aucun soin, sans aucune surveil» lance, de manière que le travail de la veille est à » recommencer le lendemain. Les transports exécutés » sans aucune rétribution, les manœuvres employées » par les administrateurs et les sous-administrateurs » pour obliger les paysans à livrer leurs produits à la » la moitié et au tiers de leur valeur; les amendes » prononcées arbitrairement et à leur profit par ces » mêmes employés, les dépenses causées par les sous» administrateurs et les dorobantz au passage et pen» dant leur séjour dans les villages, ont ramené les » anciennes corvées, les rétributions en nature, les » cotisations, et tout ce que l'ancien ordre de choses » aboli par le Règlement Organique avait d'écrasant et » d'oppressif [1].

pas plus le fait de l'administration Ghyka que de celle qui l'a précédée, et de celle qui lui a succédé.

[1] Les abus dont il est fait mention ici sont inhérents à la constitution des villages en Valachie; mais ils sont loin d'avoir eu sous l'administration Ghyka l'importance que l'Adresse leur donne. La réparation des chemins est mise par le Règlement Organique à la charge des villages; si des employés subalternes en profitaient, l'autorité supérieure, non intéressée à l'abus, le faisait réprimer sur la première plainte. Pour ce qui est des manœuvres employées pour faire livrer par les cultivateurs leurs produits à moitié ou au tiers du prix coûtant, c'est l'administration Ghyka qui a essayé de réprimer cet abus attribué à tort aux administrateurs : c'est le fermier, appuyé par le propriétaire, qui prêtait de l'argent au paysan, et achetait les ré-

» Nous pouvons avancer, Prince, avec la conviction » de ne pas vous tromper, que, s'il était possible de » calculer toutes les sommes illégalement payées par » les paysans, et toutes les corvées pendant les sept » dernières années, elles s'élèveraient au double des » redevances légales acquittées par eux dans ce même » espace de temps, sans compter les dommages » toujours incalculables provenant d'un tel état de » choses [1].

coltes sur pied, au-dessous de leur valeur; l'autorité n'y pouvait rien devant le silence de la loi, et l'on ne pouvait punir les employés de l'administration qui s'en mêlaient, que par la désapprobation ou la destitution, ce qui avait souvent lieu. Quant aux dépenses des dorobantz dans les villages, ceci était vrai; mais malheureusement c'est inévitable, et sous le hospodarat Bibesko, le mal a été en augmentant. Ce ne sont point d'ailleurs ces sortes d'abus, commis par la classe la plus infime des employés de l'administration, qui écrasent le paysan en Valachie, mais bien ceux auxquels prennent part le Hospodarat lui-même, ses ministres et ses favoris. De pareils abus généraux, tels qu'ils se pratiquaient sous l'ancien ordre de choses, n'ont pu jamais être cités contre l'administration Ghyka, au moins d'une manière permanente, et comme le gouvernement Bibeskó en a depuis donné le funeste exemple.

[1] Ceci est exagéré : on peut tout au plus porter les sommes illégalement payées sous l'administration Ghyka par les paysans, à 4,000,000 par an, ou à la moitié du chiffre de l'impôt de la capitation; mais la plus grande partie de ces sommes illégalement extorquées au paysan revenait au fermier, dont les exactions avaient été si souvent dénoncées par le gouvernement à l'Assemblée, laquelle avait repoussé tous les moyens proposés pour y remédier, sous prétexte de ne point porter atteinte au droit de propriété. On voit d'ailleurs avec quelle afferta-

» La cause du mal, Prince, est dans la vénalité des » places de sous-administrateurs, dans la protection » accordée aux administrateurs accusés de concussion » par l'opinion publique, dans le peu d'encoura- » gement que reçoivent ceux en petit nombre qui » remplissent leurs devoirs avec conscience. Si, dans » ce déplorable état de choses qui ne saurait se pro- » longer sans attirer sur le pays les plus grandes » calamités, il nous était permis d'établir des degrés de » souffrance, nous oserions, Prince, invoquer plus par- » ticulièrement la sollicitude de Votre Altesse en faveur » de nos villages situés sur le Danube. Préposés à la » garde de nos frontières, dans l'espoir qu'avec des » soins et du temps, ils seraient parvenus à acquérir » une certaine discipline militaire propre à garantir » l'efficacité du service qui leur est confié, ces vil- » lages, loin d'avoir répondu à cet espoir, se trouvent » aujourd'hui dans l'état le plus complet de dénuement » et de misère. A l'époque de leur organisation pri- » mitive, le temps de service pour chaque famille à » tour de rôle fut fixé au maximum de quatorze

tion l'Adresse parle toujours des sept dernières années, c'est-à-dire de l'ensemble et de toute la durée de l'administration Ghyka, tandis qu'elle n'avait aucun droit d'attaquer un passé et des époques que le vote des Assemblées précédentes avait sanctionnés, et fermés pour ainsi dire aux passions et aux récriminations, par les éloges et les expressions de reconnaissance adressés au gouvernement au sujet de sa loyauté et de son patriotisme.

» jours par an; aujourd'hui, ce temps est de trente-six
» à quarante jours, et les plus fortes corvées pèsent
» en outre sur ces malheureux villages, tiraillés dans
» tous les sens entre les doubles exigeances des auto-
» rités civiles et militaires, aussi vexatoires et aussi
» ruineuses les unes que les autres. Nous ne saurions
» cacher, Prince, à Votre Altesse, que si les plus
» promptes mesures ne sont prises pour leur soula-
» gement, non-seulement la garde de notre frontière
» sera entièrement compromise, surtout maintenant
» qu'on a diminué le nombre de soldats jugé néces-
» saire au service des piquets, mais nous sommes en
» outre menacés de les voir bientôt émigrer tous au
» delà du Danube [1].

[1] Les Boyards propriétaires dans les districts nomment parmi eux et pour chaque arrondissement deux candidats, dont l'un doit être confirmé par le département de l'intérieur, pour remplir la place de sous-administrateur. De la lutte entre les deux candidats qui se disputent la préférence à obtenir, vient l'abus de la vénalité. Au lieu de se plaindre du fait, qui existe jusqu'à ce jour, l'Assemblée aurait dû demander la modification de la loi qui donne lieu à l'abus, en proposant de ne plus faire élire deux candidats, mais un seul, ce qui ferait cesser la lutte entre les postulants, et détruirait en conséquence la cause de l'abus dans sa source. Quant aux villages chargés du service des piquets, sur la frontière Turque, il y a eu des circonstances, pendant lesquelles certainement ces villages ont été astreints à une surveillance plus pénible qu'à l'ordinaire, comme à l'époque où la peste régnait sur la rive gauche du Danube, époque à laquelle les piquets furent doublés pour plus de sécurité. Mais en général ces

» Dans les villes et dans les campagnes, nous le » disons avec douleur, Prince, le mécontentement est » également dans tous les cœurs et la plainte dans » toutes les bouches. On accuse les conseils muni- » cipaux, et les autorités chargées de la surveillance » de ces villes, de détourner à leur profit les revenus » destinés à y maintenir l'abondance et le bon ordre. » On les accuse de spéculer sur la nourriture du » pauvre. Ces accusations reçoivent un caractère plus » grave encore dans la capitale, où l'agglomération » de la population rend le mal plus sensible. Nous » aurions douté, Prince, de la vérité de la plupart de » ces accusations, que nous aurions encore cru devoir » les porter à la connaissance de Votre Altesse, dans » la conviction où nous sommes que si l'opinion » publique mérite des égards et une prompte satis- » faction, même dans son égarement, c'est surtout » lorsqu'il s'agit des premiers objets nécessaires à » l'existence. Ainsi, avec l'infraction progressive des

villages, exemptés de l'obligation de fournir des recrues à la milice et des dorobantz, ne se plaignaient point ; et cependant le Hospodar Ghyka avait proposé les moyens de les soulager encore, moyens qui n'avaient point reçu la sanction de l'Assemblée. Nous ne voyons donc point sur quelle base se fonde l'Adresse, pour exagérer les charges qui pèsent sur ces villages, sans faire mention des exemptions importantes qui les compensent, et pour accuser le gouvernement qui avait provoqué des mesures pour remédier au mal dont on se plaignait, et dont on se plaint bien plus sous le Hospodarat Bibesko.

» dispositions du Règlement Organique, ont reparu
» les anciens vices et toutes les habitudes ruineuses
» auxquelles ses dispositions étaient destinées à
» remédier, comme en effet elles y étaient par-
» venues dans le principe [1].

» Si, de la partie administrative, nous passons à la
» partie judiciaire, nous ne pourrons malheureuse-
» ment signaler à Votre Altesse que le même mépris
» des lois, la même tendance à substituer sans cesse
» l'arbitraire à la légalité, le même abus de pouvoir.
» Dans les premiers temps de la réforme, il y avait
» une ambition générale, celle de faire preuve d'atta-
» chement au bien public; il y avait une conviction
» unanime que pour prétendre à des distinctions. Cha-
» cun devait se signaler par quelqu'action utile, et
» surtout par un caractère honorable. Ce double mo-
» tif d'émulation avait engendré une amélioration
» sensible dans l'état moral de nos tribunaux et di-

[1] Le vague des accusations articulées dans cet article ne donne lieu à aucune réfutation. Il faut néanmoins remarquer qu'accuser un gouvernement de l'insuffisance ou de la mauvaise administration des conseils municipaux, lorsque ce gouvernement, comme celui du Hospodar, n'a jamais été accusé, par l'Adresse elle-même, d'empiéter sur les droits des électeurs et de violer les élections municipales qu'il a laissées parfaitement libres, d'après le vœu de la loi, c'est mentir gratuitement aux faits. Si les conseils municipaux manquaient à leurs devoirs, c'était aux électeurs à leur retirer et leur confiance et leur mandat.

» vans, amélioration qui faisait espérer qu'avec le
» temps ils finiraient par s'élever entièrement à la
» hauteur de leur noble et importante mission. Mal-
» heureusement cet espoir n'a été que de bien courte
» durée. Les fonctions que plusieurs d'entre nous rem-
» plissent dans la magistrature ne nous empêcheront
» pas, Prince, de dire ici toute la vérité, car nous le
» devons à Votre Altesse et au pays. Vrais à l'égard des
» autres, nous ne le serons pas moins à notre égard, et
» nous ne chercherons pas à rejeter loin de nous la
» part qui nous revient de ce discrédit général dans
» lequel est tombé l'ordre judiciaire, et des justes
» reproches qui lui sont adressés. Une grande démo-
» ralisation règne en effet dans nos tribunaux et nos
» cours de justice; mais à côté de ce mal, il en est un
» autre plus pernicieux encore parce qu'on ne peut
» ni le prévenir ni s'en défendre, c'est l'envahisse-
» ment continuel du pouvoir judiciaire par les autres
» pouvoirs. Votre Altesse n'ignore pas que la sépara-
» tion de ces pouvoirs, réunis sous l'ancien régime,
» est un des grands principes sur lesquels est fondée
» toute notre législation actuelle. Les abus révoltants
» auxquels leur réunion avait donné lieu ont déter-
» miné, indépendamment de plusieurs autres motifs
» non moins puissants, l'adoption de ce principe fon-
» damental auquel sont portées chaque jour de nou-
» velles atteintes, qui font craindre de voir bientôt

» s'effacer toute garantie de la part des lois. Ainsi, à » la méfiance qu'inspirent nos tribunaux, est venue » se joindre l'inquiétude causée par ces instructions » qui préjugent souvent les questions les plus graves, » en influençant la conscience des juges par des in- » terprétations de lois qui viennent attaquer des droits » acquis depuis un grand nombre d'années, par des » suspensions indéfinies qui arrêtent l'exécution de » jugements définitifs et mettent souvent en péril les » intérêts et la fortune des parties ; de là, Prince, » aussi ce malaise qui se manifeste chaque jour dans » notre commerce, et cette absence totale de crédit » qui empêche la mise en circulation de nos capitaux [1].

[1] Le Règlement Organique a tracé une ligne de démarcation entre le pouvoir administratif et le pouvoir judiciaire; l'Adresse se plaint de ce que le Hospodar aurait franchi cette ligne, et empiété sur les droits de la magistrature. Mais nous ne voyons point que les magistrats qui se plaignent aient donné leur démission des places qu'ils occupaient, ni que les ministres de la justice aient résigné leurs portefeuilles, pour ne point rester responsables de l'abus prétendu et pour arrêter ainsi le pouvoir dans ses tendances anti-réglementaires. Au contraire, juges et ministres, rédacteurs de cette Adresse, tous à l'envi, continuent tranquillement leurs fonctions, et se plaignent qu'on les force de faire ce qu'ils peuvent fort bien ne pas faire. Que dirait-on chez nous d'une cour royale qui recevrait du roi un ordre écrit et contresigné par un ministre, une ordonnance en forme qui exigerait, soit un sursis, soit le retrait d'une affaire en cours de plaidoirie, soit l'inexécution d'un arrêt définitif, et qui même indiquerait telle ou telle marche à suivre dans la procédure, telle ou telle forme à observer, telle ou telle appréciation d'un fait qui fait partie du procès, ou telle

» L'exposé de l'état de notre pouvoir judiciaire nous » offre l'occasion de recommander à la commisération de Votre Altesse les créanciers compromis » dans la banqueroute de la maison Mosko, dont plusieurs sont réduits à la dernière misère, en attendant une justice qui a trop tardé pour eux. Il

manière d'interpréter et d'appliquer la loi. Certes, on passerait outre avec indignation, et l'ordonnance royale n'aurait d'autre effet, que de faire mettre en accusation le ministre signataire pour cas de forfaiture. Eh bien! le Réglement Organique a organisé sous ce rapport les tribunaux, et les a rendus aussi indépendants qu'en France. Pourquoi donc se soumettent-ils au pouvoir et à ses empiétements? Ou bien le Hospodar s'est-il servi de baïonnettes pour les courber sous ses volontés? Mais on n'a jamais prétendu accuser le hospodar Ghyka de violence. C'est au contraire de voies détournées, de démoralisation que parle l'Adresse. Ne dirait-on pas en vérité d'une prostituée qui se plaint d'avoir été séduite? Le fait est que le gouvernement, comme les Boyards, ne se sont point encore pénétrés de l'importance des réformes en matières judiciaires; et que l'Adresse, tout en ayant pour but de rejeter le blâme sur le Hospodar, évite de préciser les faits, de signaler, de spécifier tels actes illégaux qui se seraient consommés, d'en demander le redressement et la punition de leurs auteurs, parce que l'enquête qui aurait été la suite de cette demande aurait prouvé la répugnance constante que le Hospodar témoignait à se mêler d'affaires judiciaires, et son embarras continuel au milieu des plaintes incessantes qui lui parvenaient contre les tribunaux, qu'il n'avait aucun moyen de punir. On sait que le code Valaque ne prévoit point le cas de prévarication qui ne pouvait point se présenter dans la conduite des tribunaux sous l'ancien régime, car ceux-ci ne rendaient point des arrêts, mais signaient seulement des rapports au Hospodar, lequel assisté du haut clergé et de tous les fonctionnaires élevés en rang, jugeait

» y a cinq ans passés que cette affaire traine, et
» loin de laisser entrevoir une issue favorable, elle
» offre plus de complication qu'à son début, à cause
» des machinations de toutes sortes mises en œuvre
» pour décourager les créanciers, et du peu d'assis-
» tance que ceux-ci ont rencontré auprès des autori-
» tés auxquelles ils se sont adressés [1].

les procès définitivement en séance publique et solennelle : garantie immense pour les plaideurs, qui avaient de cette manière le moyen de confronter pour ainsi dire le tribunal dont ils appelaient, avec le Hospodar qui avait mission d'apprécier sa conduite et de réformer sa décision. L'Adresse ne rappelle point que le gouvernement avait fait rédiger un code criminel que l'Assemblée avait repoussé, en privant ainsi le Hospodar de tout moyen légal de punir les juges, pour cas de forfaiture ou prévarication ; elle se tait sur les véritables causes du mal, comme sur la spécification des faits qui motivent ses plaintes. Elle plane dans le vague, et se borne à injurier le Hospodar, en ayant l'air de lui dire : « Mais allez-vous en plus vite, vous voyez bien que nous ne voulons plus de vous, puisque nous vous chargeons de nos méfaits mêmes ; nous vous nommerons un successeur qui corrigera tout le mal. » En effet cela eut lieu : l'accusateur fut le successeur au Hospodarat ; et il a prouvé bien promptement que le mieux est l'ennemi du bien. Cette indépendance du pouvoir judiciaire, si prônée par l'Adresse, il n'en existe pas même l'ombre ; et en place des principes réglementaires dont on accusait naguère le Hospodar Ghyka de s'être départi, on procède par le *Sic volo, sic jubeo : sit pro ratione voluntas.* Ce n'était pas la peine de faire tant de bruit pour en arriver là.

[1] Cette plainte exige des explications ; trois graves questions étaient soulevées par la faillite Mosko. Les caisses publiques y étaient intéressées pour une somme d'environ 2,500,000 piastres que les ministres

» Le désordre de nos finances et l'état déplorable » où se trouvent toutes nos caisses publiques ré- » clament aussi la plus haute sollicitude de Votre » Altesse. Nous voyons, Prince, avec inquiétude que » nos dépenses augmentent chaque année en raison » du relâchement qui se fait sentir dans toutes les » parties du service public. Et en effet, en 1835, les » besoins de l'État ayant été pris en mûre considéra- » tion, il fut jugé que la somme de 16,500,000 piastres

avaient prêtée à cette maison de banque pour s'efforcer de la soutenir. Après la faillite, il s'agissait de savoir sur qui retomberait la perte : sur les ministres qui avaient prêté sans prendre des sûretés ? Ou sur la masse des créanciers, les droits de l'État ne pouvant souffrir en vue de la loi qui les garantit ? Sous le hospodar Ghyka, ce sont les ministres qui avaient été condamnés à désintéresser les caisses. Cette décision fut révoquée sous son successeur, et c'est l'État qui perdit sa cause malgré la loi. La seconde question tenait à un prêt d'environ 4,000,000 piastres que le baron Sina de Vienne avait fait à la maison Mosko, qui, pour sûreté, lui avait remis les titres de ses terres. Le prêteur demandait l'intégralité du payement pour se dessaisir des papiers, ce qui écornait considérablement la part afférente à la masse des créanciers ; le hospodar Ghyka réussit à obtenir du baron Sina qu'il se contentât de la terre de Doudesti valant 2,500,000 piastres, et que, moyennant cette acquisition, il se dessaisît des titres, et de toute autre prétention.

La troisième question enfin était que les créanciers, tout en reconnaissant les efforts du gouvernement pour leur être utile, soupçonnaient le Hospodar de vouloir favoriser le failli à leurs dépens, en faisant traîner la liquidation. Ce soupçon est donné par l'Adresse comme une certitude, et celui qui la proclame, devenu Hospodar, fait

» était suffisante pour couvrir toutes les dépenses de » l'année, et nous laissions en même temps une » réserve de 1,666,552 piastres. En 1839, l'augmen- » tation offerte par le nouveau recensement, par la » hausse de la ferme des salines et des douanes, fit » monter les revenus au delà de 17,000,000 piastres. » Cependant, les comptes de l'année dernière présen- » tèrent un déficit, tandis que nous aurions dû avoir » une réserve considérable, s'il y avait eu tant soit

traîner pendant près de cinq ans encore la liquidation désirée; et jusqu'à ce moment, les créanciers n'ont point encore reçu la totalité de 60 % qui leur revient, parce que le failli Mosko s'est trouvé être l'oncle du Hospodar Bibesko. Et c'est lui-même qui a réalisé les craintes des pauvres créanciers, en avantageant si ouvertement son parent, que celui-ci, tout failli qu'il est, marie et dote grassement ses filles, achète au nom de sa femme le vaste hôtel qu'il habitait et qui est une de plus belles habitations de la capitale, et ne se voit nullement inquiété, ni pour la jouissance de son mobilier somptueux, ni pour les pierreries d'une valeur d'un million de piastres qu'il dit faussement appartenir à sa femme, pierreries qui ont donné lieu à un procès scandaleux terminé, par décision hospodariale, plus scandaleusement encore au profit du failli. Mais le Hospodar Bibesko, pour avoir avantagé son oncle aux dépens des créanciers, n'en resta pas là. Il entreprit de leur faire payer encore plus cher leur naïveté; il fit mettre en vente aux enchères les terres de Mosko, à condition que les acheteurs acquerraient avec les biens-fonds les procès pendant avec les voisins de ces terres; et sous main il menaça tout acheteur qui acquerrait une de ces terres, de lui faire perdre ces mêmes procès. De sorte que les acheteurs se retirèrent des enchères, craignant avec raison d'en être pour leur argent. Le Hospodar alors acheta toutes ces terres à moitié prix, faute de concurrence, et fit immédiatement condamner à son profit

» peu d'économie, et si les sages dispositions de l'ar-
» ticle 132 et du dernier paragraphe de l'article 65
» avaient été mieux observées. Nous osons citer ici,
» Prince, un fait de peu d'importance, il est vrai,
» mais qui pourra donner à Votre Altesse la mesure
» de l'incurie qui est apportée dans l'administration
» de nos finances. La somme de 1,400,000 piastres
» que nous payons chaque année à la sublime Porte,
» offre sur le cours de la monnaie un bénéfice annuel

tous les voisins et tiers plaideurs, ce qui lui rapporta encore de plus grands avantages. Un sujet russe entr'autres, qui depuis nombre d'années soutenait un procès pour la terre de Tchorani, avait fini par gagner sa cause devant tous les tribunaux du pays; mais sitôt après l'acquisition de cette terre par le Hospodar, le Russe fut débouté de ses prétentions par ordre du ministre de la justice, et ne retira de sa longue lutte que la misère, et les arrêts des tribunaux qui lui donnaient gain de cause! C'est après avoir ainsi condamné les caisses publiques, et libéré les ministres qui avaient fait des prêts illégaux sans garantie; c'est après avoir combiné l'intérêt de la famille de son oncle Mosko avec celui de sa fortune privée, aux dépens des pauvres créanciers et des tiers plaideurs dépouillés, qu'il annonce au Consulat, avoir enfin réussi à liquider la faillite et à réparer les avanies du gouvernement précédent. Et le Consulat, qui est au milieu du pays et en présence des faits, ne veut rien voir ni rien entendre, et donne créance pleine et entière à ces vaines assertions, en se refusant à l'évidence, par la raison toute convaincante qu'il a été admis par lui une fois pour toutes, que M. Bibesko est un homme infaillible, un modèle d'intégrité; qu'il en a donné maintes et maintes fois l'assurance à Pétersbourg, et que tous ceux qui sont d'un avis contraire, quelque fondés que soient leurs motifs, sont des perturbateurs du repos public, et méritent d'être punis.

» de 150 à 200,000 piastres dont la Vestiarie est frus-
» trée depuis sept ans consécutifs [1].

» La même absence d'esprit d'ordre et d'économie
» se fait remarquer, Prince, dans l'administration
» des autres caisses publiques. Ainsi la caisse de la
» milice, qui devait être dans l'état le plus prospère et
» posséder de fortes épargnes, est aujourd'hui en état de
» souffrance et se trouve même menacée de perdre un

[1] Que dirait-on chez nous d'une chambre des députés qui s'accuserait elle-même d'avoir sanctionné, pendant sept ans consécutifs, des budgets déclarés comme entretenant le désordre dans les finances et maintenant les caisses publiques dans un état déplorable ? Et cela sans en donner d'autre preuve, sinon qu'elle aurait elle-même augmenté les dépenses pour satisfaire à des besoins publics, reconnus tels par elle, et votés régulièrement. Qu'est-ce enfin que la plainte elle-même de ce paragraphe, qui reconnaît la hausse du revenu, et l'augmentation de la population, circonstances qu'on s'accorde en tout pays à considérer comme résultantes d'un progrès de la prospérité publique, et dont on fait d'ordinaire un mérite aux gouvernements ? Mais il serait ridicule de s'appesantir sur l'absurdité d'une accusation, qui, si elle eût été vraie, retomberait de tout son poids sur l'Assemblée qui a voté les budgets incriminés, le Hospodar Ghyka n'ayant jamais autorisé aucune dépense sans la sanction de la législature? Les commissaires de l'Adresse avaient présenté ces budgets aux différentes Assemblées en leur qualité de ministres; et ce sont eux aussi qui récriminent sur les finances dont ils ont toute la responsabilité! La perte légère sur le tribut à remettre à la Porte avait été ordonnancée, pendant les quatre années que M. Villara avait occupé le ministère des finances, par ce même ministre; et c'est encore lui qui vient se plaindre des mesures qu'il a adoptées et fait exécuter!

» capital de 300,000 piastres prêté à la maison Mosko » en dehors de toutes les règles qui la régissent et à » une époque où la Vestiarie empruntait à 18 %. Par » ce même oubli, la caisse Centrale, celle des dépôts » et celle de la Métropole, se trouvent compromises » dans la faillite de cette maison : la première pour » la somme de 819,995 piastres, la deuxième pour » celle de 925,066 piastres, et la troisième pour celle » de 326,700 piastres. La caisse Centrale éprouve en » outre chaque année des pertes considérables, à » cause des manœuvres employées à la vente de la » ferme des biens des monastères pour en éloigner les » enchérisseurs, et des remises continuelles faites » sous différents prétextes aux fermiers de ces » terres [1]. Quant à la caisse de la Métropole, elle » n'est pas dans un état plus prospère que les autres,

[1] Dans la note relative à la faillite du banquier Mosko, nous avons répondu à ce grief qui n'a été réel que sous le Hospodar Bibesko, lequel seul a condamné les caisses publiques à perdre la moitié de leurs créances, et libéré les ministres qui avaient prêté sans sûreté et garanti. L'accusé a voulu réparer les suites d'un fâcheux événement; l'accusateur au contraire aggrave le mal et le consomme. Quant aux manœuvres employées pour éloigner les enchérisseurs, et aux remises dont parle l'Adresse, il y eut effectivement des bruits qui circulèrent à cette époque, bruits peu honorables pour le ministre en fonctions : mais jamais ces bruits n'ont reçu la confirmation ni la notoriété publique qu'ils ont acquises sous le Hospodar Bibesko, qui fait, lui, une guerre en grand à tous les établissements ecclésiastiques et les dépouille systématiquement.

» malgré ses nombreux revenus et la vacance du » siége métropolitain pendant six ans. On en est » même encore à savoir l'emploi de ces revenus. On » ignore également l'usage des sommes enlevées aux » caisses communales, qui possédaient, à la fin de » 1837, un capital de 2,337,483 piastres dont elles » ont été privées en grande partie, contrairement aux » dispositions de l'article 106 du Règlement Orga- » nique qui s'oppose expressément à ce que le gou- » vernement ou ses employés touchent jamais aux » fonds communaux sous quelque prétexte que ce » soit [1].

» Cet esprit de désordre, Prince, a été porté dans la » gestion de quelques monastères relevant des saints » lieux, dont les biens pendant sept ans ont été li- » vrés à la discrétion de quelques particuliers; ce qui » n'a fait qu'augmenter les prétentions des saints

[1] Les comptes des revenus de la Métropole, pendant la vacance du siége, ont été soumis à l'Assemblée qui comptait dans son sein, comme membres, les trois évêques qui géraient ces revenus. S'il y avait abus, cet abus était le fait des gérants, dont les comptes ont été sanctionnés par le vote de la législature : le Hospodar n'y est pour rien; et le grief est tout à fait puéril et tombe à faux. Quant aux caisses communales, quelques sommes ont été dépensées sur la demande des villages, pour établissements publics, nécessaires à ces mêmes communes; et dans la discussion que ce point avait occasionné dans l'Assemblée, il a été prouvé que ces dépenses avaient été faites par le canal des députés à l'Assemblée, pour les districts respectifs.

» lieux, quelque exorbitantes qu'elles aient d'ailleurs
» été dans le principe [1].

» Nous croirions, Prince, manquer à notre devoir, si
» nous taisions à Votre Altesse l'opinion générale qui
» règne sur l'état de notre milice. On assure que ce corps
» a toujours été depuis six ans bien au-dessous du com-
» plet, que le nombre des soldats diminue chaque jour
» en rapport de l'augmentation du nombre des officiers,
» que sur 1,140 chevaux, dont se composent nos esca-
» drons de cavalerie, chaque escadron ne compte plus
» que 50 à 60 chevaux, tandis que le paragraphe des
» dépenses affectées à l'entretien de la milice se trouve
» augmenté du quart par la somme de 651,738 piastres
» ajoutée en 1839. On affirme en outre que le dépôt
» de 150 piastres, que chaque recrue en arrivant est
» tenue de faire à la caisse militaire, n'est jamais res-
» titué comme il devrait l'être aux soldats qui ont fini
» leur temps de service ; que les sommes provenant
» de ces dépôts et dont le total devrait offrir un capi-
» tal constamment disponible de 600,000 piastres, ne
» se trouve jamais dans la caisse ; que les économies

[1] Il y a eu, sous le Hospodarat Ghyka, quelques monastères qui se sont plaints, et sa famille avait été avec quelque fondement accusée de malversation à cet égard ; mais cet abus s'était borné à trois monastères connus. Il n'avait point reçu, comme sous le gouvernement actuel, l'extension systématique dont les saints lieux se plaignent incessamment.

» provenant des décès et des désertions ne lui profitent que rarement. On dit aussi que les avancements dans l'ordre militaire sont souvent donnés sans aucun égard pour le mérite et les services rendus. Ce fait, Prince, s'il est vrai comme on l'assure, et l'on est trop malheureusement fondé à le croire à en juger par ce qui se passe dans les avancements civils, ne pourra que réveiller toute la sollicitude de Votre Altesse; car sa haute sagesse ne peut ignorer que rien ne démoralise une société comme les distinctions et les récompenses accordées à des personnes qui en sont peu dignes [1].

» Les distinctions et les honneurs, seul moyen d'encouragement que le gouvernement eût entre les mains, ont été distribués avec tant de profusion pendant ces dernières années, que dépréciés aux yeux de tous, ils ne sont plus recherchés que comme un moyen de parvenir à des emplois capables d'enrichir. Ainsi une foule d'individus qui n'avaient rendu aucun service au pays ont été, con-

[1] Les comptes de la milice avaient passé dans toutes les Assemblées, sans réclamation. L'Adresse, qui parle ici par *on dit*, *on affirme*, *on assure*, devait attendre la présentation de ces comptes pour l'année, constater les abus qu'elle mentionne, en demander le redressement et refuser les fonds pour leur continuation. Quant aux grades militaires, il y a une loi sur les avancements qui a été suivie à la lettre, et l'Adresse en se plaignant fait un mensonge, ou parle sans connaissance des faits.

» trairement aux dispositions de la loi, détournés de » leur modeste condition pour être placés, quoique » sans capacité aucune et sans fortune, dans une » carrière d'ambition où ils ne peuvent trouver que » misère, à moins que par leurs méfaits ils n'aug- » mentent le nombre de ceux déjà commis dans le » pays [1].

» Prince, dans cet exposé rapide, mais bien pénible » pour nous, nous ne saurions passer sous silence » une question qui indépendamment de la haute » importance qu'elle offre dans tous les temps par les » nombreux intérêts qui s'y rattachent, en emprunte » une bien plus grande encore de la préoccupation » où se trouvent aujourd'hui les esprits. Oui, Prince, » nous avouons que l'esprit de concussion, qui a » pénétré partout, s'est introduit aussi dans l'exercice » du droit de propriété, et s'en est emparé comme » d'un moyen puissant pour arriver à ses fins. Nous » ne nierons pas non plus qu'il y ait des propriétaires » qui abusent de ce droit; mais nous devons à la

[1] Il en est de même pour les rangs civils. La loi sur les rangs, oblige le Hospodar à n'accorder d'avancement que pour ancienneté de service : il a seulement le droit de remettre une année à ceux en faveur desquels il croit devoir faire une exception. Cette règle a été si strictement appliquée sous le Hospodar Ghyka que pas une seule plainte ne s'est élevée. Sous son successeur, cette loi sur les avancements a eu le même sort que le Règlement Organique et toutes les lois du pays : elle a été complétement et ouvertement violée.

» vérité d'affirmer que le nombre en est bien petit, » et que la majeure partie des propriétaires sont en- » tièrement étrangers aux abus qui se commettent » sous leur nom, mais toujours contre leur gré et à » leur détriment. Votre Altesse sait que toutes les » terres en Valachie sont données à ferme, et que » pour les conditions des contrats on s'en rapporte » entièrement à la loi ; si les fermiers en dévient, » c'est qu'ils trouvent de l'assistance et souvent » même des encouragements auprès des employés de » l'administration qui ont la plus grande part aux » profits abusifs provenant de ces déviations. Pour » preuve de ce que nous avançons, nous pour- » rions citer les exactions commises d'une manière » effrayante sur les terres des Monastères et des do- » maines de l'État. Cependant à leur égard le gouver- » nement représente en quelque sorte la personne du » propriétaire. Les villageois établis sur les propriétés » particulières sont beaucoup moins molestés; car ils » trouvent toujours quelque protection auprès des » propriétaires, lorsque ceux-ci sont en état de la leur » accorder. On a prétendu que la plupart des plaintes » adressées par des paysans concernaient les droits » des propriétaires, d'où l'on a voulu induire que là » était tout le mal et la source de la misère publique. » Mais en admettant la vérité du fait, Prince, les » conséquences qu'on en veut tirer ne sont pas

» exactes; d'ailleurs ces plaintes sont les seules qui » ne rencontrent aucun obstacle auprès du gouver- » nement, outre les encouragements qu'elles peuvent » obtenir de la part des personnes intéressées à donner » le change pour cacher leurs méfaits.

» On a aussi répandu, Prince, de graves accusa- » tions contre la noblesse : on a cherché à la pré- » senter comme hostile aux intentions bienveillantes » du gouvernement. Nous ne chercherons pas à dé- » fendre ici cette noblesse qui naguère a eu l'honneur » de posséder Votre Altesse dans son sein; notre dé- » fense paraîtrait trop intéressée. Nous avancerons » même qu'elle a en effet de grands torts à se repro- » cher, et que plusieurs des vertus qui devraient la » distinguer des autres classes de la société lui sont » étrangères; car les vertus, Prince, ainsi que Votre » Altesse ne l'ignore pas, sont l'effet des institutions » du gouvernement, et des grands modèles qu'on a » sous les yeux, et surtout d'une longue pratique » soutenue par une surveillance bienveillante et des » encouragements de tous les instants. Cependant, s'il » lui était permis de se défendre, elle pourrait citer » des époques qui prouveraient que, si elle se laisse » facilement entraîner à des penchants vicieux, elle » est aussi facile à ramener dans la bonne voie, alors » qu'on veut l'y conduire et qu'on sait gagner sa con- » fiance. Elle citerait surtout cette époque où, à la voix

» d'un étranger qui avait su s'emparer de son esprit » et de son affection par la bonne foi et l'amour du » bien qu'il manifesta dans tous ses actes, elle vint » sacrifier sans regrets tous les priviléges dont elle avait » hérité de ses pères, et qui ailleurs ont été pendant » longtemps la cause de sanglants débats : elle se » contenta pour tout dédommagement de la garantie » du droit de propriété [1].

» Si l'Assemblée Générale témoigna l'année der» nière quelque répugnance à adopter des projets de

[1] On exagère ici les sacrifices que la noblesse a faits à l'époque des réformes ; la plupart de ces priviléges, qui n'étaient que des abus, avaient été restreints sous le Hospodar Grégoire Ghyka, et tous tombèrent enfin sous l'Administration Provisoire par l'introduction du Règlement Organique. L'habileté du comte Kisseleff consista à faire goûter les réformes à la noblesse, et les rendre agréables à toutes les classes des habitants, qu'il avait réussi à souder, pour ainsi dire, l'une à l'autre par de communs intérêts. Le Hospodar Alexandre Ghyka, qu'il avait choisi pour lui succéder, était le seul qui pût faire suivre cette voie salutaire au pays, si le Consulat avait eu l'intelligence de ce que le comte Kisseleff avait fait, de ses travaux, de son but et de ses résultats. Il n'en fut pas ainsi : en scindant les boyards, en les divisant, le Consulat aboutit au Hospodarat Bibesko, à la destruction complète du Règlement Organique, et à l'arbitraire et la violence, l'*ultima ratio* du système actuel. Si le comte Kisseleff avait pu voir par ses yeux ce que ses soi-disant admirateurs ont fait de ses travaux, et comment ils ont suivi ses exemples, il se serait détourné avec dégoût, et aurait pleuré toutes les larmes de son cœur sur les inénarrables misères d'un pays qu'il affectionnait, et que son auguste maître couvre de sa haute protection.

» modification qui altéraient en partie l'esprit de la » législation sur laquelle repose cette garantie, ce » n'est point, Prince, pour disputer au paysan » quelques avantages de bien peu de valeur, et qui » ne l'auraient pas mis dans une position meilleure, » en laissant subsister les vraies causes de la misère » actuelle. Mais c'est que l'Assemblée Générale, loin » de croire aux résultats qu'on paraissait se promettre » de ces modifications, avait alors la conviction, » comme elle l'a encore aujourd'hui que ce n'est pas » en des temps où le pays est en souffrance par suite » de l'inobservation des lois, qu'il est prudent de venir » attaquer une des lois fondamentales de notre code » politique, élaborée pendant trois ans avec tous les » soins et toute la prudence qu'exigeait son impor- » tance, afin d'y substituer des dispositions rédigées à » la hâte pour servir de conditions de fermage, qu'il » aurait sans doute fallu refaire le lendemain, en jetant » ainsi l'instabilité et la perturbation dans les for- » tunes. Comment d'ailleurs l'Assemblée Générale » aurait-elle pu juger, au milieu de ce désordre uni- » versel, de ce que la loi sur la propriété pourrait » avoir de trop onéreux, pour y apporter le remède » nécessaire [1]?

[1] Le gouvernement Bibesko a démontré que l'Adresse porte un jugement faux sur les modifications de la loi de la propriété proposée par le Hospodar Ghyka. Le mal s'est accru à tel point, à l'heure qu'il

» Ce n'est, Prince, que lorsque tout sera rentré » dans la légalité, lorsque tous les abus auront cessé, » lorsque la confiance détruite par de cruelles décep- » tions aura été rétablie, lorsque chacun commencera » à comprendre que, hors de la loi, il n'est point de » salut, et que le gouvernement juste et impartial, » veille sur tous, toujours prêt à récompenser et à » punir légalement ; ce n'est qu'alors seulement » qu'un jugement sûr pourra être porté aussi sur la » loi qui régit la propriété, loi dont l'épreuve n'a pas » même encore été faite, car nulle part elle n'a été » exécutée conformément à son esprit [1].

est, que le tiers des revenus des terres n'a d'autre base que les arrangements forcés imposés par le propriétaire au paysan. Ce n'est donc point un article de peu d'importance, comme le représente l'Adresse, que celui relatif à ces arrangements. Il est encore moins vrai que le désordre universel ait empêché l'Assemblée précédente de venir en aide au Hospodar Ghyka pour soulager le paysan; ce désordre universel n'existait que dans la tête des commissaires de l'Adresse, et ils l'ont bien prouvé depuis par leur funeste administration qui a vengé le Hospodar Ghyka de toutes les calomnies de l'Adresse.

[1] La question d'inopportunité est oiseuse, car treize ans après l'introduction des réformes, on avait eu tout le temps de voir s'il y avait ou non nécessité de modifier la loi sur la propriété. Lorsqu'un gouvernement vient proposer à la législature de remédier à un mal avéré et constaté par d'innombrables plaintes, répondre à ce gouvernement qu'il n'inspire pas de confiance, et laisser subsister le mal uniquement pour cette cause, c'est dire qu'on ne peut vivre avec lui ; c'est se déclarer en insurrection. L'Adresse dit de même que la loi sur la propriété ne s'exécutait pas conformément à son esprit ; elle

« Prince, nous venons de remplir un devoir douloureux. Puisse ce témoignage de notre dévouement être utile au pays et au gouvernement de Votre Altesse! Puissions-nous entendre bientôt s'élever vers elle, au lieu des plaintes, des expressions de reconnaissance! Les difficultés à surmonter sont grandes sans doute, nous le reconnaissons, Prince; mais la sagesse de Votre Altesse saura s'élever au dessus. L'Assemblée, jalouse de mériter les bienfaits qu'une haute protection a répandus sur le pays, sera heureuse de pouvoir coopérer, sous les ordres de Votre Altesse, autant que ses faibles moyens le lui permettront, à tout ce qui pourra contribuer au bonheur public et à l'affermissement du gouvernement [1]. »

entendait sans doute par là que cette loi devait être exécutée comme sous le gouvernement actuel, qui désole le cultivateur par des violences inouïes.

[1] Cette Adresse n'avait point été rédigée ni pour l'Assemblée qui n'avait aucun droit de revenir sur les budgets, les lois et les actes votés par les assemblées précédentes, et d'incriminer les sept années d'une administration qui avait reçu, pour chacune de ces années, les remercîments et les éloges de ces Assemblées, ni pour le Hospodar auquel on demandait de corriger des abus, dont on ne prenait point la peine de constater l'existence; mais uniquement pour le Consulat, auquel on venait en aide en articulant ces mêmes faux griefs qui faisaient le texte continuel de ses rapports au cabinet Impérial, rapports qui se trouveraient ainsi confirmés, par l'Assemblée elle-même, qu'on ne pouvait suspecter à Pétersbourg d'oser manquer à la vérité en face du

En recevant ce factum, tissu de faussetés et de calomnies, le Hospodar Ghyka ne pouvait ignorer que le pays était ému des événements qui se passaient. Entre les deux partis extrêmes, dont l'un visait au changement du Hospodar, et l'autre voulait son maintien pur et simple, la grande majorité des hommes sensés, ce que nous nommons en France le parti modéré ou con-

pays. En effet, l'Adresse n'attaque point les ministres; elle ne discute point leurs actes; elle n'attend même point que ces actes lui soient soumis pour les apprécier; elle ne menace point de refuser les fonds nécessaires au gouvernement. Elle entame au contraire la lutte *ab irato*; elle édite de pauvres calomnies qui courent les rues, elle se fait l'écho des mille mensonges, débités dans les lieux publics, par les ennemis du gouvernement; elle va droit au chef de l'État, lui crée une pensée hostile aux lois, lui déclare à lui-même qu'il est inintelligent, incapable, concussionnaire, corrompu et corrupteur, indigne enfin de la position qu'il occupe. L'Assemblée avait-elle le droit, et pour la forme et pour le fond, de déclarer la guerre au chef de l'État *à priori*, et sans examiner ses actes qui n'appartenaient point au Hospodar seul, puisqu'ils avaient été sanctionnés par les Assemblées précédentes? Dans les pays où l'Adresse en réponse au discours du trône est un acte politique, l'opposition, lorsqu'elle s'est trouvée en force, s'est bornée à réfuter ce discours et à témoigner sa méfiance de la marche adoptée par le ministère. Si, dans son Adresse, une Chambre s'avisait d'insulter grossièrement le roi, d'entamer une discussion sur les budgets des années précédentes, et de préjuger tout ce que le gouvernement aura à lui proposer, elle prononcerait elle-même sa dissolution, et le bon sens des électeurs en ferait prompte justice. Bien plus, en Valachie où le régime constitutionnel n'est point établi tel que nous le concevons chez nous, en Valachie où le comte Kisseleff a caractérisé l'Assemblée en l'appellant le conseil consultatif servateur, avait aussi son vœu. Si le hospodar Ghyka, se désistant de sa manière habituelle de voir, avait voulu s'appuyer sur ce parti, et faire les concessions qu'il réclamait, une immense manifestation en sa faveur aurait répondu à l'Adresse de l'Assemblée, et aurait pu éclairer à temps le ministère Impérial sur le véritable état des choses. La dissolution de l'Assemblée,

du Hospodarat, admettre de la part d'un pareil corps, dont les attributions ne sont point aussi étendues que celles de nos chambres, qu'il ait le droit de manifester ses passions et de proclamer ses haines *ab initio*, et sans y avoir été amené par quelqu'événement imprévu, qui sorte des règles communes, comme par exemple le renversement des institutions par le fait du pouvoir exécutif, c'est se constituer ouvertement en insurrection vis-à-vis de ce pouvoir. Et c'est précisément ce que voulait l'Adresse, elle voulait faire croire à Pétersbourg que le pays ne pouvait plus supporter l'administration Ghyka, qu'il allait se soulever, et que si l'on ne prenait point de promptes mesures, la levée de boucliers de l'Assemblée serait immanquablement suivie de troubles sanglants. C'est dans ce sens que l'Adresse est rédigée : peu lui importe ce qu'en pensera le Hospodar ou le pays, c'est à Pétersbourg qu'elle veut faire impression. Le gouvernement Ghyka, quelles qu'aient été ses faiblesses et ses erreurs, n'avait point ostensiblement violé les lois, ni attaqué en aucune manière les droits et les intérêts des masses. De quel côté pouvaient donc surgir les troubles? Les insurrections populaires ne sont point, que nous sachions, le résultat des oppositions de salon, ou le fait des haines individuelles. En parlant du pays, l'Adresse savait qu'elle ne parlait même pas au nom de l'Assemblée qui votait ces actes incongrus, uniquement par complaisance pour le Consulat, sans prévoir d'ailleurs les conséquences illégales qu'on réussirait à en tirer. Nous terminerons ces remarques par une observation sans réplique. C'est qu'on de nouvelles élections, et une législature modérée, auraient été le résultat nécessaire de cette marche; le Hospodar n'aurait pas été destitué, et le Règlement Organique n'aurait pas péri avec lui [1]. Mais malheureusement, il ne sut pas voir clair dans sa situation; il ne nomma point d'enquête pour constater les abus et en punir les auteurs; il ne répondit point à l'As-

a eu par la suite la preuve que le débat qui l'existait autre l'Assemblée, le Hospodar et le Consulat, n'avait point pour but la question de principes, celle que l'Adresse posait ostensiblement, en faisant le parallèle de l'Administration Provisoire avec le gouvernement qu'elle attaquait, mais uniquement la questien de personnes, puisque le Consulat et les commissaires de l'Adresse ayant réussi à faire destituer le Hospodar Ghyka n'ont point soutenu ensuite les principes qu'ils avaient eux-mêmes posés dans l'Adresse, ni pris pour modèle l'administration du comte Kisseleff, et qu'ils se sont au contraire empressés de détruire, sans en laisser trace, le Règlement Organique et tous les travaux du Président plénipotentiaire, au nom desquels ils avaient demandé et obtenu le changement du Hospodar. C'est donc une question de personnes, qu'on a prise à Pétersbourg pour une question de principes. C'est ainsi que le Consulat remplissait sa mission et ses devoirs envers le cabinet Impérial !

[1] Un fait assez curieux, c'est que trois anciens employés du comte Kisseleff, qui avaient joui de sa confiance à différents titres, et avaient exercé des fonctions importantes, se trouvant à cette époque résider en Valachie, appuyaient tous trois l'opinion modérée, comme la seule qui pût faire marcher les réformes et réaliser les bienfaits accordés par la Russie. Tous trois étaient d'avis que le Hospodar Ghyka, avec quelques modifications, valait beaucoup mieux que les boyards qui se faisaient les faux admirateurs du comte Kisseleff, pour surprendre la religion du cabinet Impérial.

semblée ; il ne mit point en accusation et ne renvoya point devant les tribunaux tous les membres de cette Assemblée qui, fonctionnaires sous son administration, se trouvaient gravement compromis par les déclarations de l'Adresse, et principalement les rédacteurs de cet acte qui, ayant été ministres, auraient naturellement à répondre de leur gestion. Et cette apathie qu'il montra avant les élections, il la continua encore jusqu'à la clôture de la session, bien qu'il ne pût se dissimuler la gravité du danger.

Le Consulat à cette époque, sentant sa responsabilité engagée, encourageait la partie la plus exaltée de l'opposition dans ses violentes déclamations : c'est ainsi que MM. Villara et Bibesko se faisaient écouter, lorsqu'ils assuraient que le pays était prêt à s'insurrectionner, et à se précipiter dans des désordres sanglants plutôt que de souffrir la continuation d'un gouvernement abhorré ; que le Hospodar Ghyka lui-même, ayant perdu tout espoir, conspirait en secret et organisait une défense armée ; et cent autres rodomontades pareilles qui n'avaient aucun fondement.

On ne sait point positivement si M. Daschkoff avait eu la simplicité d'ajouter foi à ces mensonges ; mais il est constant qu'il paraissait y croire : et parmi les éloges qu'il prodiguait à M. Bibesko, il le louait principalement du calme et de la modération dont il avait fait preuve dans la rédaction de l'Adresse, et de l'influence salutaire qu'il exerçait sur ses compatriotes, qualités, disait-il publiquement, au moyen desquelles il réussissait à préserver le pays des perturbations que le Hospodar Ghyka n'était plus en situation de prévenir et de réprimer.

Tel était l'état de la Valachie et des différents partis qui en troublaient le repos, lorsque les commissaires des deux hautes Cours arrivèrent à Bukarest.

Une disposition fondamentale du Règlement Organique était violée par l'ouverture même de cette enquête, qui ne doit être accordée que sur des doléances adressées par l'Assemblée aux deux hautes Cours.

La loi exige impérativement, et avec une grande raison, cette formalité essentielle, parce qu'en donnant à l'Assemblée un droit aussi important que celui de provoquer la destitution du chef de l'État, elle se précautionne cependant contre l'abus de l'exercice de ce droit, et veut que les plaintes soient discutées, votées et adressées aux deux hautes Cours publiquement, ce qui ne peut se présumer pouvoir être pratiqué que par une Assemblée qui se sent d'abord appuyée par le pays officiel le corps des boyards électeurs, et ensuite basée sur la réalité de l'existence des abus du gouvernement dont elle se plaindrait. Une intrigue seule ne pourrait certes jamais parvenir à faire signer de fausses doléances, et à manifester, sans le concours du pays, des vœux aussi ouvertement hostiles au pouvoir constitué. Mais dans le cas dont nous parlons, il n'y avait ni doléances ni concours des électeurs, qui certes auraient préféré appuyer le Hospodar, s'il se fût agi de l'existence du gouvernement. Il n'y avait que des plaintes très-violentes, mais bien vagues, consignées dans une Adresse en réponse au discours du Hospodar pour l'ouverture de la session, c'est-à-dire avant que l'Assemblée se fût fait présenter les comptes-rendus des ministres, et qu'elle eût trouvé l'occasion, en les examinant, d'improuver leurs actes, et de demander leur redressement. Le cas de l'initiative des deux hautes Cours n'était donc point ouvert, et l'enquête officielle n'était pas non plus motivée, à moins qu'on ne se soit basé à Pétersbourg comme à Constantinople, sur les réclamations du Hospodar, ou sur une doléance apocryphe, signée par la minorité des députés exaltés, qui offraient de prouver les abus du gouvernement, et garantissaient sur leurs biens et sur leurs personnes la réalité des accusations articulées dans l'Adresse; mais leurs biens étaient peu de chose, et leurs personnes valaient encore moins. C'était pure jactance, et le dernier coup de dé d'hommes de peu, qui, s'étant compromis par leur conduite, n'avaient d'autre espoir que de renverser le gouvernement. D'ailleurs, la démarche en elle-même était contraire à la disposition du Règlement Organique qui ne permet à la minorité de l'Assemblée de signer aucun acte quelconque, sous des peines sévères.

Si les formes, telles que la loi les exige pour qu'il y ait présomption que l'Assemblée exprime réellement le vœu du pays, n'avaient pu être observées par la signature de doléances aux deux hautes Cours, et si les plaintes avaient été seulement adressées au Hospodar, le Consulat parvint néanmoins à faire croire à Pétersbourg que ce moyen terme n'avait été adopté que dans l'intérêt unique de la tranquillité publique. C'est sur de pareilles allégations, complètement mensongères, que les fauteurs des troubles, se targuant de défendre l'ordre, parvinrent à ébranler les convictions et à surprendre la religion du cabinet Impérial.

Déjà en 1838, M. le baron Ruckman, alors Consul général, s'était servi de ce même prétexte de la tranquillité publique pour obtenir la suspension de l'Assemblée, en violation du Règlement Organique. Ce qui se fit alors en faveur du Hospodarat, se renouvela en 1842, en faveur de l'Assemblée. Dans l'un et l'autre cas, c'est toujours sur le même thème du maintien de l'ordre public qu'on brisa les institutions, qui, laissées à leur action naturelle et normale, auraient paisiblement continué à guider le pays dans les voies du bien-être, uniquement compromis par leurs violateurs.

Les commissaires des deux hautes Cours firent des rapports défavorables au Hospodar Ghyka ; on devait s'y attendre. Dévoiler au ministère Impérial les causes de l'état des choses, lors même qu'on aurait pu les distinguer, c'eût été attirer sur M. Daschkoff toute la juste colère de l'Empereur; c'eût été donner gain de cause au Hospodar dont la raideur et la persistance dans ses propres idées n'avaient pas peu contribué à augmenter les embarras, à hérisser d'obstacles une pacification désirée, et que le général Duhamel avait, dit-on, l'ordre d'amener entre les partis ; c'eût été enfin contrecarrer une opinion partiellement reçue à Pétersbourg, que le Règlement Organique était trop compliqué et posait des principes trop abstraits pour l'état moral des Principautés. Quant au commissaire ottoman, Chekib-Effendi, aujourd'hui ambassadeur à Vienne, les motifs peu honorables de ses convictions sont de notoriété publique, et ne méritent aucune mention.

Après le départ des commissaires, et lorsque déjà l'opposition s'était assurée que leurs rapports lui seraient favorables, M. Bibesko se rendit de nouveau à Paris, où l'on prétend qu'il fit écrire une seconde brochure [1] qui n'est qu'un violent libelle contre le Hospodar

[1] De la situation de la Valachie sous l'administration d'Alexandre Ghyka, suivi de l'Adresse de l'Assemblée générale de Valachie. Bruxelles, 1842.

Ghyka, qualifié d'Albanais étranger au pays, hypocrite, dissimulé, astucieux, avide, rapace, crapuleux, difforme au moral comme au physique, ennemi enfin de la Russie et des institutions qu'elle a accordées aux Principautés. Toutes ces sales injures étaient le résumé des innombrables calomnies qu'on déblatérait incessamment dans les salons des adeptes de l'opposition, et servaient en ce moment de chant de victoire et de couronnement à ses œuvres patriotiques.

Le Hospodar Ghyka avait gouverné la Valachie pendant huit ans et quatre mois.

Au moment de son départ le revenu de la Valachie

était de.	18,099,983 p^tres^.
les dépenses de.	15,770,505
la caisse de réserve possédait. . .	1,100,000
et la caisse Centrale	2,170,456

L'état du cultivateur était satisfaisant ; il aurait été aussi prospère que sous l'Administration Provisoire, si l'abus des redevances au seigneur n'avait motivé des plaintes générales et fondées. Toutes les branches du service public marchaient avec ordre et ensemble, excepté les tribunaux, où la confusion se produisait du côté des boyards, comme du côté du gouvernement. Cette partie était en souffrance ; il aurait fallu revenir purement et simplement aux principes règlementaires qui n'ont jamais été appliqués dans toute leur étendue, depuis l'introduction des réformes. Le commerce était en progrès, la culture des terres en friche s'étendait; et l'exportation, en 1841, atteignait le chiffre de 60,000,000 piastres. Tous les établissements publics fondés par l'Administration Provisoire étaient maintenus en bon état, et leurs règlements spéciaux observés. Parmi les différentes classes d'habitants, le haut clergé était mécontent, à cause de la loi qui régularisait les biens de l'Église; la noblesse était froide, en grande partie : ses discussions avec le gouvernement au sujet de l'indépendance des fonctions judiciaires, et sa désaffection pour la famille du Hospodar qu'on prétendait trop favorisée, la rendaient boudeuse; mais la bourgeoisie et le paysan, étaient sincèrement attachés au Hospodar Ghyka qui avait constamment respecté leurs droits et veillé sur leurs intérêts. Telle était la situation du pays, au moment du départ du Hospodar Ghyka. Nous verrons, dans les chapitres suivants, si, en cherchant à améliorer cette situation, on a réussi à atteindre le but qu'on se proposait.

CHAPITRE IV.

—

Caïmacamie ou gouvernement intérimaire.

CAIMACAMIE OU GOUVERNEMENT INTERIMAIRE.

—

La destitution du Hospodar Ghyka, quoique prévue et attendue par tous ceux qui, s'occupant des affaires des Principautés, en remarquaient la marche malheureuse, étonna cependant le pays. Alors seulement on s'aperçut, que si quelques abus s'étaient glissés dans son administration, il n'y avait personne qui pût les attribuer au chef même de l'État, mais bien à ces mêmes hommes qui le renversaient et qu'il avait eu la faiblesse de laisser impunis; que quelles qu'eussent été d'ailleurs ses fautes et ses erreurs, il n'avait point exercé de vengeances, ni compromis par ses mœurs la tranquillité des familles; qu'il était enfin et sans conteste, le moins mauvais Hospodar que la Valachie aurait pu se donner, relativement aux autres boyards qui allaient s'acharner sur son héritage. Nous remarquerons d'ailleurs ici, à propos du firman de sa destitution, que les deux hautes Cours, en ne faisant point constater juridiquement les abus relatés dans l'Adresse, et en ne faisant point châtier le Hospodar qui les aurait commis, ou ses ministres et les hauts fonctionnaires en place sous son administration qui auraient été ses complices, en étendant enfin sur eux tous une généreuse clémence, ont donné lieu d'espérer à l'administration qui lui succédait qu'elle serait de même couverte, en cas de chûte, par cette même clémence généreuse.

L'Assemblée extraordinaire qui allait élire le nouveau Hospodar avait à se prononcer sur trente-sept candidats, réunissant les qualités voulues par le Règlement Organique. Nous ne nous attacherons point ici à détailler les passions que fit naitre cette concurrence nombreuse. Dans tous les pays, et en pareille occurrence, la moralité des moyens est plus ou moins douteuse. Mais ce que nous devons remarquer, c'est que les trois autorités, le Gouvernement Provisoire, le Métropolitain et le Consulat, qui avaient à se concerter, afin que les dispositions du Règlement Organique fussent strictement observées, soit dans la formation des listes d'électeurs de candidats, soit pour le mode du vote, ont abandonné le terrain légal, et adopté des mesures arbitraires qui ont puissamment contribué au résultat de l'élection. Nous n'ignorons point que ces mesures ont reçu depuis la sanction du ministère Impérial, auquel certainement M. Daschkoff aura présenté la chose sous un jour légal; mais il n'en reste pas moins prouvé que l'élection, malgré le vœu du ministère Impérial et les ordres positifs de l'empereur, a été entachée de vices de forme graves, qui la rendent nulle aux yeux du pays. En effet, comment expliquer l'exclusion, comme électeurs et candidats, de trois boyards qui réunissaient toutes les qualités voulues par la loi, et l'admission au contraire, aux mêmes titres, de deux autres boyards qui n'avaient point ces qualités?[1] Pourquoi modifier le mode établi par le Règlement Organique, au sujet du vote, sous le vain prétexte qu'en suivant ce mode légal, l'Assemblée électorale siégerait une couple d'heures de plus ou de moins? et pour quel motif permettre que les députés s'écartent de la prescription impérative de la loi, qui les astreint à un silence complet au moment du vote,

[1] Les deux frères Nicolas et Constantin Soutzo, ainsi que M. Kimpiniano, ont été exclus; MM. Villara et Bibesko ont été admis.

et leur défend de se mêler entr'eux, de lier des conversations, et de quitter même les places qui leur sont assignées, si ce n'est pour aller déposer leur vote, et y retourner, jusqu'au terme du scrutin? On n'est pas à savoir que les plus légères infractions ont des conséquences graves en matières électorales. Mais ici ce ne sont plus de légères infractions; ce sont les bases principales, sur lesquelles se fonde la loi pour présumer la libre expression du vœu des électeurs, qui ont été détruites. Les sages observations du Métropolitain ne furent point écoutées, parce que le Consulat agissait uniquement sous l'influence de MM. Villara et Bibesko qui insinuaient les mesures les plus propres à faire réussir leurs projets.

L'instruction du cabinet Impérial qui recommandait la candidature des deux frères, MM. Stirbey et Bibesko, et qui invitait ces deux boyards à ne se point combattre l'un l'autre afin de rendre plus sûre l'élection de l'un des deux, parvint enfin au Consulat vers les derniers jours qui précédèrent la réunion de l'Assemblée électorale. Cette instruction très-courte n'était point impérative; elle ne donnait aucun droit à M. Daschkoff de forcer le vote des électeurs, de menacer l'évêque de Bouzéo, et de faire entendre au Métropolitain qu'il lui donnerait l'ordre écrit de voter dans ce sens. C'était simplement une recommandation surprise au ministère Impérial par les intrigues incessantes des deux frères, qui depuis longtemps visaient à renverser le Hospodar Ghyka, et circonvenaient la haute société de Saint-Pétersbourg, en déplorant les malheurs supposés de leur patrie, et en protestant de leur dévouement à la Russie. Ce dévouement, dans la pensée du ministère Impérial, n'a jamais signifié autre chose que promesse de bien gouverner le pays et de contribuer à sa prospérité, unique intérêt de l'Empereur dans les Principautés, et seul service que la Russie attende des boyards valaques qu'elle a voulu civi^lser et rendre à la grande société européenne. Si cabinet Impérial avait pu savoir, alors qu'il se décidait à adresser cette instruction, que ce dévouement des deux frères serait bientôt traduit en ruine complète des réformes, et en réintroduction des abus monstrueux qui avaient naguère éveillé sa pitié, et lui avaient fait acheter par tant de sacrifices le droit de les faire cesser, il se serait bien gardé de remettre au Consulat cette arme dangereuse, qui a d'ailleurs servi au moins recommandable des deux frères, malgré la parité de situation qu'elle leur faisait. Quoiqu'il en fût, et malgré les efforts du Consulat, il n'y avait pas encore certitude de réussite. Un avis avait bien été ouvert, mais il était si odieux qu'on hésitait à l'adopter. On finit par s'y rendre: c'était de faire enrégimenter par M. Villara tous ceux qui, parmi les électeurs, lui avaient servi à diverses époques d'instruments pour ses malversations, et de peser de tout son poids avec cette masse de votes contre tous les candidats autres que M. Bibesko, en promettant à cette nouvelle espèce de janissaires civils la curée des emplois publics, si celui-ci parvenait au Hospodarat, promesse trop bien tenue dans la suite, et qui a mis la Valachie à la discrétion de cette *bande noire* qu'on avait pu croire à jamais terrassée et vaincue par les réformes et la ferme administration du comte Kisseleff. M. Daschkoff, en permettant l'emploi de cet odieux moyen, en avait-il prévu les conséquences? C'était une véritable réaction qu'il préparait contre les travaux admirables de l'Administration Provisoire. Le parti de la rapine et de la corruption s'entendant avec le Consulat, pour prendre sa revanche contre les traités qui l'avaient anéanti, pour se créer lui-même son gouvernement, et élever ses chefs reconnus sur le pavois, c'était là une monstruosité incroyable!

Si le ministère Impérial eût été bien informé, son opinion si favorable sur le compte de M. Bibesko se serait singulièrement modifiée, du moment que celui-ci, pour escalader le pouvoir, se faisait pousser par M. Villara et ses recrues. En effet, sous des dénominations différentes, le parti des anciens Valaques, et le parti qui se fait appeler *patriote* ne font qu'un. Lorsqu'il suit M. Villara, il prend la première qualification; lorsqu'il se laisse guider par M. Bibesko, il s'empare de la seconde. Mais les hommes sont toujours les mêmes, et les vœux sont identiques. Remettre les choses sur l'ancien pied, vivre de désordre et de pillage, repousser la protection russe, sous prétexte d'indépendance, mais en réalité pour récupérer, ce que l'Adresse au Hospodar Ghyka n'avait pas assez dissimulé, *l'héritage de ses pères*; dépouiller l'église et les monastères grecs; abattre l'influence de la majorité de la haute noblesse qui, éclairée par l'expérience et par la sagesse de l'Administration Provisoire, se groupe autour des institutions et des traités qui les garantissent; exiler du pays, en confisquant leurs biens, tous les descendants de souches étrangères : tels sont quelques-uns des rêves de ce parti à double enseigne qui, sous la protection du Consulat, repousse la protection de l'Empereur, et règne aujourd'hui par ses chefs en Valachie.

CHAPITRE V.

—

Hospodarat Bibesko.

HOSPODARAT BIBESKO

—

M. Bibesko est le premier Hospodar qui, depuis le traité de Caïnardji, soit arrivé au trône par le parti des anciens Valaques, et au nom de ce même parti. Que de funestesobligations ne lui imposait point cette triste origine! Nous allons voir s'il y manqua.

Les hospodars grecs, pour la plupart hommes de talent et possédant des connaissances variées, se servaient ordinairement du parti des anciens Valaques, comme d'instrument aux abus qu'ils voulaient commettre; mais ne tenant point leur autorité de ce parti, ils savaient le brider à volonté, lorsqu'il se livrait par trop effrontément à ses instincts grossiers. Les réformes vinrent enfin l'abattre complètement. Alors, sous les auspices du comte Kisseleff, la société nouvelle s'organisa sous le titre de parti russe ou de la légalité. Cette nouvelle société, soutenant le gouvernement du Hospodar Ghyka, lorsqu'il suivait les institutions, et lui faisant une opposition modérée, mais ferme, lorsqu'il essayait d'en dévier, fut vaincue sur le champ de bataille de l'élection du nouveau Hospodar, par l'influence excessive du Consulat. Cependant la position n'était pas tenable. M. Bibesko, qui s'était fait agréer à Pétersbourg en se déclarant du parti de la légalité ou des réformes, gagnait néanmoins son trône dans le pays à l'aide du parti des anciens Valaques ou des abus. La contradiction était trop palpable : à la première occasion, la vérité dévoilée pouvait renverser en un moment tout l'échafaudage de cette jonglerie. C'est pour prolonger l'illusion du cabinet Impérial, et se donner comme un homme supérieur, qui a des vues et des idées gouvernementales, qu'il créa alors un tiers parti, qui n'est qu'une édition *expurgata* du parti patriote, le parti de la jeune Valachie, si préconisé dans le temps par M. Daschkoff, parti par l'assistance duquel on laisserait bien loin les utiles travaux de l'Administration Provisoire, et on perfectionnerait la Valachie en la pressurant un peu, jusqu'à en faire une merveille. En faisant sonner le mot d'*indépendance absolue* aux oreilles de cette portion de la jeunesse qui fait son tour d'Europe pour gagner ses éperons de dandy et de lion, et nullement pour s'instruire sérieusement, le Hospodar Bibesko s'entoura d'un essaim de soi-disant lettrés, inintelligents, puérils et vains, qui ne peuvent comprendre que les droits accordés aux Principautés par les traités sont dûs uniquement à la protection russe, qui croient que leur mince pays pèse de son propre poids dans la balance européenne, et qu'au besoin tous les cabinets se prendraient aux cheveux pour une décision quelconque que les puissances voisines adopteraient en commun à leur égard. Ils ont entendu parler de Capitulations avec la Porte; mais où se trouvent ces Capitulations, ce qu'elles contiennent et ce qu'elles prouvent, ils l'ignorent. Leur position géographique ne leur dit rien; *oculos habent et non videbunt*. La nullité de leurs moyens ne les effraie point; leur ignorance, leurs mœurs efféminées, leur corruption ne leur est pas une honte. Au lieu de chercher à acquérir un degré d'instruction et de virilité qui, par par la suite, leur permettrait d'entrer en égaux dans le sein des sociétés civilisées qui les entourent, ils s'imaginent bénévolement que, pour arriver à une indépendance absolue, il leur suffira de transfigurer leur langue, d'en proscrire les caractères slaves et d'y substituer l'écriture romaine, qu'elle se prête ou non à la prononciation des mots, et de faire enfin les plus absurdes dissertations sur la probabilité de leur descendance des criminels que Rome envoyait en exil au-delà du Danube, sous la garde des légions chargées de surveiller cette frontière barbare. De cette portion de la jeunesse, fut formé le parti de la jeune Valachie. Le Hospodar, en se mettant à sa tête, s'imagina devoir adapter sa conduite extérieure aux allures excentriques de ses nouveaux affiliés. Il débuta par faire élever un monument à la mémoire d'un ancien Hospodar, connu dans les légendes populaires sous le nom de *Michel le Brave*. Cette gloire de contrebande, enfouie dans les cent mille histoires de brigandage qui révèlent seules l'existence de ces peuples, jusqu'à l'époque où l'illustre Catherine conçut le projet de les civiliser, paraît l'avoir vivement impressionné lui-même. Il se fit faire, pour son installation, des habits de cérémonie taillés d'après une mauvaise croûte qui a la prétention de représenter ce *héros modèle*, tableau d'ailleurs peint quelques siècles après la mort du grand homme en question, et dû uniquement à la verve goguenarde de quelque moine barbouilleur du monastère de Tchernika. C'est avec ce costume que le Hospodar, qui recherche toutes les occasions d'inspirer à la jeunesse des idées d'une nationalité incomprise, reçoit les jours de cérémonie, au milieu d'une noblesse dont la mise à la française et le ton dégagé contrastent singulièrement avec cette évocation fabuleuse des temps malheureux de la Valachie[1].

En inspirant à une partie de la jeunesse des idées mortes et improductives, en l'égarant dans la recherche d'un passé auquel en vain on demanderait des gloires qu'il n'a jamais eues, le Hospodar la détache des institutions nouvelles ; elle ne suit plus les carrières honorables que les réformes lui ont ouvertes et se complait à admirer le chef de l'État qui va pleurer sur le tombeau de son modèle favori, de ce Michel le Brave, donné en pâture à des imaginations malades qu'on prend plaisir à pervertir. Le fait est que Michel le Brave a aujourd'hui un monument magnifique en Valachie. C'est là que le Hospodar a versé des larmes sur cette gloire valaque ignorée de l'histoire, et il s'est trouvé des dupes pour applaudir aux sentiments patriotiques du chef de l'État. Partant on crie contre les très-nombreuses et très-respectables familles d'origine étrangère; on les insulte; on suspend leurs droits politiques, au nom de cette nationalité incomprise ; et

[1] Il a même été jusqu'à se faire lithographier dans cette tenue fantastique. Excellente charge, et qui dépasse, à notre avis, toutes celles que nous a laissées notre immortel Callot ! — Sur papier de Chine, prix net 2 ducats. — Chez Walbaum, à Bukarest.

il ne manque pas de badauds qui applaudissent avec stupidité à ces actes odieux, qualifiés d'actions patriotiques. On était allé même jusqu'à vouloir présenter une pétition pour demander l'extradition et la confiscation des biens de la majeure partie des boyards, au profit du parti des anciens Valaques. Voilà où aboutit et aboutira toujours dans les Principautés toute administration abandonnée à elle-même. En appuyant les allégations du Hospodar contre la noblesse attachée aux réformes, et en permettant à des vœux de désordre de se produire au grand jour, M. Daschkoff se vit entraîné si loin qu'à peine pût-il arrêter cette étrange et ridicule pétition.

Oui, il faut une direction et un guide. Ceci est reconnu par tout ce qu'il y a d'honnête et de probe dans le pays; mais cette direction, hors laquelle tout périclite, a été dévolue par les traités à la Russie. Si l'on a donné quelque attention au commencement de cet écrit, on a pu voir ce que cette Puissance a fait pour ces provinces. En résumé, elles les a créées. Avec le droit que les traités lui ont donné, elle a encore le devoir que le créateur contracte vis-à-vis de la créature, le devoir moral de les conserver, de ne point les abandonner, de ne point se laisser rebuter par les dégoûts de son œuvre pénible, oui, mais non stérile; de se défendre enfin du mépris qu'on veut lui inspirer pour un peuple qui ne demande qu'à prospérer sous sa main généreuse. Cette direction remise aux mains nobles et pures du comte Kisseleff, nous avons vu ce qu'elle a produit; nous avons vu ces mêmes Valaques, que leur Hospodar actuel accuse avec persistance, avec colère même, d'être tous, sans distinction, également vicieux et ingouvernables, marcher à grands pas dans la légalité et l'ordre, et se maintenir à la hauteur des vues bienfaisantes de leur guide éclairé. Comment se fait-il donc que, sitôt cette direction évanouie, et le Consulat remis entre les mains d'hommes médiocres et passionnés, tout s'use, se flétrit et vieillit avant le temps, et que ces mêmes hommes, naguère si empressés à faire preuve d'un zèle louable, sont déclarés tous, sans exception, perfides, menteurs et concussionnaires? Ou Dieu nous a privés des lumières de la raison, ou bien ces allégations doivent être fausses. Les hommes ne changent point, mais la direction qui doit les guider a en effet changé; elle n'est plus guidée elle-même par des pensées de civilisation et de sagessse. La preuve matérielle en est dans l'Administration qu'elle a formée, et dans l'appui qu'elle donne à cette Administration.

Nous diviserons en trois époques le gouvernement du Hospodar Bibesko.

La première comprendra ses actes pendant que les formes extérieures du Règlement Organique ont été observées, jusqu'à la suspension de l'Assemblée.

La seconde exposera ceux des trois années pendant

lesquelles il a administré les finances, établi de nouveaux impôts, modifié le code civil, rétabli la peine de mort, recensé la population, accordé des pensions, violé les droits des conseils municipaux, et renversé la loi sur les avancements, sans la participation de l'Assemblée.

La troisième enfin traitera des ordonnances qui ont aboli définitivement le Règlement Organique, et changé la forme du gouvernement par la destruction de la loi des élections.

Première époque.

Aussitôt après son retour du voyage pour l'investiture à Constantinople, le nouveau Hospodar forma son conseil, et indiqua clairement la marche qu'il suivrait, par la nomination de M. Villara à la place importante de ministre de la justice. Tous ceux qui, par leur inconduite, avaient contribué à discréditer l'administration précédente, conservèrent leurs fonctions, furent promus à des grades supérieurs, et tous les emplois devinrent la récompense du parti des anciens Valaques ou patriotes. Après avoir ainsi pourvu à la réalisation des promesses faites à ce parti, il se fit payer sa liste civile du jour de l'élection, tandis que, de la confirmation seule, datait son droit. Il obligea la Vestiarie à lui payer une somme de 5,000 ducats pour frais de route à Constantinople, et un loyer annuel de 1,500 ducats pour sa propre maison qu'il voulait continuer d'habiter, en réservant le palais princier où avait résidé le hospodar Ghyka, partie pour l'habitation de sa fille, partie pour la tenue des baise-mains à la turque, que le pays avait presqu'oubliés, et qu'il rétablit dans toute leur splendeur. Il sollicita de même et obtint de la cour Impériale une somme de 110,000 ducats pour dépenses d'investiture, en proposant de prendre cette somme à titre de prêt sur la caisse Centrale ou des monastères, et de la faire réintégrer dans cette caisse par annuités de 500,000 piastres payables par le trésor jusqu'à solde complète. Depuis lors il s'est passé cinq ans, et non-seulement aucune annuité n'a été remise, mais la Vestiarie a encore fait une nouvelle saignée à cette caisse qui est tout à fait épuisée. Sous l'administration précédente, plusieurs comptables infidèles avaient été condamnés et soumis à restitution des deniers détournés à leur profit, et au détriment du trésor public; il fit cesser toute poursuite ultérieure contre ces personnes, et les replaça dans des situations qui leur donnaient toute facilité de se livrer à leur coupable industrie. Pendant cette année 1843, il profita des dispositions pleines de déférence de l'Assemblée, et obtint l'acceptation de deux lois. La première, établit une augmentation du double sur les vins et spiritueux, et un droit de 5 paras par tête de cheval ou de bœuf attelé à l'entrée des villes, ainsi que le monopole des jeux de cartes, au profit des municipalités; la seconde, impose aux paysans l'obligation de travailler six journées par an, pour la confection des grandes routes. On ignore si, pour ces deux lois, dont l'une établit de nouveaux impôts, et l'autre ramène le système si odieux des corvées, le gouvernement valaque a invoqué la permission des deux hautes Cours, ou si seulement le Consulat a demandé l'autorisation du ministère Impérial. Il est probable que non, parce qu'à Pétersbourg on ne se serait pas si aisément laissé aller à permettre qu'une des principales garanties réglementaires, celle qui abolit les corvées, fût effacée, sous quelque prétexte que ce fût. On connaissait à cet égard la répugnance que témoignait le comte Kisseleff, lorsqu'on lui proposait de modifier, pour les plus minimes questions, les dispositions une fois réglées par les lois. Il avait déclaré hautement le motif de sa répugnance. C'était qu'il préférait se sévrer du bien à faire, plutôt que de donner aux employés indigènes l'occasion de mésuser de ce bien en se livrant à des malversations. A ces causes, nous persistons à croire que le ministère Impérial n'a pas même été prévenu au sujet des deux lois précitées, dont la dernière surtout a ramené pour le pays les temps malheureux de la trop fameuse administration Karadja. Après avoir obtenu le vote de ces deux mesures, le gouvernement présenta un projet pour modifier la loi civile sur le régime dotal. C'est sur cette proposition qu'il rencontra pour la première fois de la résistance. Le projet était si absurde, qu'il provoqua une répulsion générale. On n'ignorait point d'un autre côté que les déplorables démêlés du Hospodar avec sa femme et sa belle-mère, ainsi que sa résolution de divorcer et de garder en même temps leur fortune, étaient les seuls motifs qui le portaient à vouloir modifier une loi, sur laquelle vivaient tranquilles les intérêts des familles depuis un temps immémorial, loi d'ailleurs conforme aux principes qui régissent la matière. Cette résistance à laquelle il ne s'attendait point, l'exaspéra. Il ne pouvait, disait-il, concevoir ces pauvres députés, qui se croyaient plus savans que lui qui avait fait ses études à Paris, et s'imaginaient pouvoir avoir raison contre un hospodar qui avait la faculté de leur retirer leurs places, de leur faire perdre leurs procès, et de leur rendre la vie insupportable et pénible par mille vexations de tous les instants. Malgré son étonnement, le projet ne résista pas à la discussion et tomba. Pour obvier aux difficultés qu'il allait rencontrer à disposer des biens de sa femme, depuis le rejet de cette loi, il prit un parti qui donna à ses administrés la mesure du peu de cas qu'il ferait des plus vulgaires convenances, lorsque ses passions l'inciteraient à les franchir. Il fit déclarer, par les tribunaux, sa femme atteinte de folie incurable, et demanda formellement le divorce. Mais le malheur involontaire de cette excellente créature était-il une cause suffisante aux yeux de l'Église? Et les préceptes du divin Sauveur, ces préceptes d'amour et de mansuétude, qui, proclamés au milieu de la société la plus corrompue dont l'histoire nous ait légué l'exemple, avaient réussi à la régénérer, devaient-ils donc se courber devant un Hospodar de fraiche date, commençant par sa propre famille la longue suite de ses attentats contre la religion et les lois de son pays?

Ces commencements de règne étaient peu rassurants. La seconde session de l'Assemblée allait s'ouvrir, et l'opinion publique cherchait une occasion de manifester sa désapprobation. Aux siéges devenus vacants par la nomination des ministres, furent élus des boyards appartenant à la plus haute noblesse, et dévoués au maintien des réformes. Cet avertissement ne profita cependant pas au Hospodar. Il demanda à augmenter la milice, et à imposer ainsi une nouvelle charge sur les paysans, déjà accablés par le rétablissement des corvées. Ce projet ne fut point accepté, et l'Assemblée demanda de plus des explications aux ministres à propos d'une compagnie pour l'exploitation des mines d'or et d'argent, compagnie à laquelle des concessions qui lésaient le droit de propriété avaient été accordées, sans le consentement de l'Assemblée, et au mépris des dispositions du

Règlement Organique garantissant les intérêts que cette question soulève. Le Hospodar perdit ou feignit de perdre toute patience, en remarquant cet esprit de fermeté qui s'annonçait comme devant opposer une respectueuse mais constante résistance à tout projet qui sortirait du cercle règlementaire. Il se livra dès lors à toute la violence de son caractère, et adressa à l'Assemblée l'ordre écrit de se renfermer désormais dans l'examen du budget, vu qu'il la considère comme incapable de toute délibération sérieuse. L'insulte était directe, et de plus elle renfermait un abus de pouvoir inoui, le gouvernement n'ayant point le droit d'arrêter l'initiative de l'Assemblée à laquelle le Règlement Organique attribue, avec la garde des institutions, le devoir de signaler à la sollicitude du chef de l'État les plaintes du peuple, et de surveiller les actes de l'administration. La réponse très-respectueuse mais très-digne de l'Assemblée porta l'exaspération du Hospodar à son comble. Il demanda et obtint sa suspension par firman de la Porte.

Sur quels justes motifs se fondait donc le Consulat pour obtempérer à cette suspension, avant même le vote du budget? Quels étaient les troubles qu'il appréhendait? En quoi l'Assemblée avait-elle manqué à ses devoirs? Refuser son assentiment à une proposition qu'elle croyait et qui était en effet accablante pour le paysan, et inutile d'ailleurs au besoin du service ; demander l'application des lois existantes sur l'exploitation des mines ; répondre aux insultes du Hospodar par une respectueuse justification, était-ce dépasser la limite de ses attributions? La constatation des faits, tels que nous les relatons, ne pouvait être difficile à M. Daschkoff qui se trouvait sur les lieux. Il ne s'agissait point de telle ou telle manière de considérer les choses : les actes du Hospodar et de l'Assemblée étant sur table, toute récrimination sur leurs motifs présumés était inadmissible. Ces actes parlaient par eux-mêmes : ils prouvaient l'impatience furieuse du Hospodarat contre le frein des institutions, comme la ferme intention de l'Assemblée de se renfermer respectueusement dans les devoirs que lui traçait le Règlement Organique. Dans cette occasion, M. Daschkoff ne pouvait se tromper. C'est à bon escient qu'il induisit en erreur le cabinet Impérial. Il représenta le Hospodar comme en butte aux intrigues des grands boyards qui, alléchés par la chute de Ghyka, visaient à renverser le nouveau gouvernement pour lui succéder, il se fit l'écho des absurdes calomnies, tendant à représenter l'Assemblée comme s'étant opposée aux concessions accordées à la compagnie des mines, uniquement parce que les individus qui formaient cette association commerciale étaient Russes; il exprima enfin l'opinion que le gouvernement était impossible lorsque ses propositions les plus utiles étaient repoussées.

par esprit de mutinerie et de rébellion. Le ministère Impérial donna malheureusement créance à ces allégations. Pouvait-il faire autrement? Un Hospodar nouveau avait été élu. Le Consulat assurait que c'était un homme qui réunissait de grands talents aux meilleures intentions; que les difficultés qu'il rencontrait n'étaient point dans le pays, mais à la surface, à cause des incessantes intrigues de quelques boyards, éternels ennemis de la stabilité et de l'ordre. Il proposait d'appuyer le gouvernement, et de réprimer l'audace de ses ennemis. Nous avouons que la question, ainsi posée, ne pouvait recevoir une autre solution que celle qu'elle a eue. Mais cette solution même prouve, ce que nous avions toujours raison de dire, que les causes de la malheureuse situation des choses dans les Principautés dérivent exclusivement de la conduite du Consulat. Oui, nous ne pouvons assez le répéter : ou le cabinet Impérial est grossièrement trompé par ses agents en Valachie, ou les principes de bienfaisance qui l'ont constamment inspiré depuis le traité de Caïnardji ont reçu de notables altérations. Voyons un peu.

Protéger depuis un siècle les Principautés, négocier toujours en leur faveur et combattre souvent pour elles, les prendre enfin sous son patronage particulier, et puis tout à coup les abandonner, s'en dégoûter, y amonceler des ruines, briser à plaisir les lois et les institutions qu'on y avait introduites et qui commençaient leur prospérité; les déclarer indisciplinables et ingouvernables, et les livrer par la destruction de leurs priviléges anciens et nouveaux à l'arbitraire, à la violence et à la folie; assister et applaudir à ce spectacle par ses agents, telle est la série des faits qui incombent à la mission Protectrice de la Russie. Était-ce ainsi que l'entendait Catherine la Grande, et cet Alexandre Ier, dont la générosité proverbiale avait obscurci les grandes gloires contemporaines? Est-ce ainsi que l'entend l'Empereur Nicolas, dont les magnifiques créations dans ses États attestent la hauteur de vues et l'excellence de cœur? Non, non, mille fois non; rien n'est changé dans les principes de bienfaisance qui animent les sommités du pouvoir en Russie. Au ministère des affaires étrangères, c'est toujours ce même ministre éclairé et bienveillant, M. le comte de Nesselrode, qui depuis trente ans a mis son expérience consommée et sa fidélité à toute épreuve au service de ses maîtres; et M. le comte Kisseleff est aussi toujours là auprès du trône pour plaider la cause des Principautés dont le bonheur a été son ouvrage, et qui lui a mérité d'augustes faveurs. Quelle est donc, quelle peut être la cause des faits trop fâcheux qui attristent tous les amis de l'influence russe dans les affaires du Levant, si ce n'est la malhabileté, les courtes vues et les passions des Consulats?

Une législation, pour être abandonnée, a commencé

toujours par être au moins essayée; le Règlement Organique n'a point eu cet honneur. En 1838, on ne veut point user des dispositions de la loi fondamentale qui veulent la dissolution et l'appel aux électeurs en cas de dissentiment grave avec l'Assemblée. On la suspend; pourquoi? parce que M. le baron Ruckman n'a pas bien compris, qu'il s'est laissé tromper ou emporter, ou qu'il a trop abondé dans les désirs du Hospodar. En 1844, on ne songe point encore à revenir au Règlement Organique et d'en essayer au moins pour une fois. Non, le pli était pris; on suspend de nouveau l'Assemblée, et cette fois-ci sans l'ombre d'un motif, et uniquement parce que le Consulat a voulu fermer les yeux et appuyer auprès du ministère Impérial les calomnieuses allégations du Hospodarat. Fait bien étrange que celui d'une Puissance aussi constamment induite par ses agents à des actes contraires à ses désirs et à ses principes! Pour qu'à Pétersbourg on soit revenu de l'opinion que les réformes étaient nécessaires aux Principautés, on a dû croire que ces réformes ont été en effet mises à l'essai et démontrées impuissantes. Il n'en est rien; la machine est excellente, mais ceux qui sont chargés de la faire mouvoir, tantôt ne s'y entendent point, et tantôt n'en veulent point, et la dénigrent comme embarrassante et dangereuse.

On s'effraye de penser quelle somme de calomnies a

dû être employée pour faire changer d'opinion à l'égard d'une organisation si longtemps discutée, et passée pour ainsi dire au crible des plus divers avis. Ces malheureuses provinces qui, après tant de siècles de misères, avaient vu pour un moment leurs plaies se cicatriser sous la protection généreuse d'un grand Empire, bientôt après retombent dans le gouffre de l'anarchie et de l'arbitraire. Spectacle funeste que nous offre l'oubli des principes réglementaires! Si au moins, sur les débris des lois qu'on avait établies, on réussissait à former un gouvernement qui, délivré de toute entrave légale, s'occupât à administrer avec justice ces peuples doux et paisibles, voués à l'agriculture et façonnés à l'obéissance, on aurait encore une excuse, et on pourrait revendiquer, sur ce terrain, la part d'un système qui a des partisans zélés dans le monde, le système de ce qu'on est convenu d'appeler le gouvernement paternel. Mais lorsqu'en détruisant les lois on ne fait qu'augmenter le désordre, lorsqu'on substitue à une administration médiocre comme celle du Hospodar Ghyka, une autorité orgueilleuse qui n'entend que la police orientale, qui conserve à la lettre tout ce qui se commettait d'abus, et qui les accroît même démésurément ; lorsqu'on substitue, disons-nous, une autorité sans frein qui, par l'injure, la violence et l'arbitraire, attaque et renverse dans sa course furieuse, mœurs traditionnelles, usages, coutumes, lois anciennes, institutions récentes, religion, intérêts, tout ce qui a formé cette société, tout ce qui l'a maintenue, tout ce que les gouvernements divers et la conquête même ont respecté, est-on bien venu alors à dire aux Valaques, à moins que d'être odieusement trompé, comme nous en avons la conviction : « Voilà les réformes qu'il vous faut, contentez-vous en, et applaudissez à ce meilleur des gouvernements possibles? »

Deuxième époque.

Un an et quelques mois s'étaient à peine écoulés depuis la destitution du Hospoder Ghyka, obtenue en satisfaction des principes exposés dans l'Adresse de l'Assemblée, que cette Assemblée tombait elle-même brisée par le nouveau gouvernement, pour avoir continué à défendre ces mêmes principes. On ne peut plus se retrouver dans ce chaos. Les institutions sont-elles tombées, de même que leur principal organe ? le Consulat est-il autorisé, lorqu'il déclare que l'arbitraire peut et doit seul gouverner la Valachie ? M. Daschkoff communique au métropolitain une dépêche ministérielle qui exprime l'indignation de l'Empereur contre ce prélat, pour s'être mis à la tête des mécontents. Voilà donc le parti Russe ou de la légalité officiellement désapprouvé! On n'en veut plus même comme élément secondaire, on le rejette comme subversif. Et subversif de quoi? des institutions? Mais c'est lui qui essaye encore de prendre timidement la défense de ces institutions violées de tous les côtés, subversif en cela seul sans doute que sa situation de vaincu lui fait une loi de la plainte, et qu'on est las d'écouter des plaintes. Il n'y aura plus ainsi de plaintes; la porte des plaintes légales est fermée par la suspension de l'Assemblée. C'est ce que nous nommons en France *l'état de siége*.

Le Hospodar, délivré de tout contrôle, débuta par faire opérer le recensement de la population sans s'astreindre aux formes établies par le Règlement Organique, formes qui garantissent les contribuables des fraudes consistant à inscrire un seul et même nom sur les rôles de différentes communes obligées d'acquitter les impositions de ces êtres multiples, ou bien à prendre pour base les listes anciennes, en y conservant les noms des morts et des absents, dont les impositions sont également mises à la charge de ces mêmes communes. En outre l'impôt fut inégalement réparti : les villages appartenant à des propriétaires présumés opposants, supportèrent les dégrèvements opérés sur ceux des propriétaires favorisés. C'est le système des cotisations et des *lands* [1],

[1] Ancien mode de perception, en forme de catégories employé sous le prince Karadja, et très-pernicieux au pays.

relevé de sa proscription et de sa déchéance. On ne peut d'ailleurs calculer les malversations particulières des employés au recensement, lesquels, cette fois-ci, n'ayant à rendre compte qu'à leurs supérieurs tout aussi intéressés qu'eux-mêmes à couvrir les abus, ont dû se livrer à toute l'âpreté de leurs mauvais instincts, eu égard aux innombrables plaintes que ce recensement souleva dans le pays, plaintes qui, pour la ville de Bukarest, ont motivé le renouvellement des opérations : ce qui a encore donné lieu à de nouveaux abus, et prouvé surabondamment qu'il vaut mieux souffrir et se taire, que se plaindre pour se faire mieux écorcher.

Ainsi, au moyen de ce recensement fictif, le chiffre du revenu direct put être maintenu malgré la diminution évidente de la population, et augmenté même de 215,509 ps., quoiqu'il y ait eu perte de 95,410 ps. sur le droit des patentes et des mazils. Quant au revenu indirect, il fut augmenté d'un nouveau droit arbitrairement établi sur les passeports, et des sommes prises dans les caisses communales des cultivateurs de la banlieue, malgré les dispositions impératives du Règlement Organique qui ne permettent point à l'administration de toucher à ces caisses. Au moyen de ces mesures, toutes contraires aux lois, le revenu général atteignit le chiffre de 18,027,699 piastres.

Pour les dépenses, le Hospodar ne se borna point au

budget de l'année 1845, qui contenait d'ailleurs des sommes très considérables ordonnancées sans la participation de l'Assemblée. Les appointements des employés civils furent arbitrairement portés à environ 6,000,000 ps. malgré la défense expresse consignée dans le Réglement Organique, de les laisser jamais s'élever au delà de la somme de 4,500,000 ps. La milice, les loyers, les frais de route, les postes, les réparations des palais, la visite faite l'an passé au Sultan, à Routschuk, laquelle ne coûta pas le quart de la somme de 819,000 piastres. portée au budget, et une foule d'exigences journalières, toutes en contravention des lois existantes, égalèrent les dépenses aux revenus. Et non seulement la caisse de réserve y passa; mais encore la Vestiarie fut forcée de reporter les 500,000 ps. de dépenses annuelles pour les écoles, les hôpitaux, les enfans trouvés, et autres établissemens de cette nature, sur la caisse Centrale, et se trouva à plus forte raison dans l'impuissance de faire à cette même caisse aucune remise sur les annuités de 500,000 ps. qui avaient été fixées pour éteindre la dette de 2,800,000 ps. contractée par le Trésor en payement de l'indemnité accordée au Hospodar pour dépenses d'investiture : ce qui constate un déficit de 1,000,000 ps. annuellement, malgré l'elévation du revenu. Nous terminerons d'ailleurs ces remarques, par l'observation que la Vestiarie, autorisée en cela par des offices hospodariaux, est redevenue ce qu'elle était avant le Règlement Organique, et a centralisé dans ses mains toutes les caisses spéciales enlevées aux administrateurs particuliers auxquels la loi les avait confiées, et réduites au rôle de succursales du Trésor. La comparaison du budget règlementaire sous l'Administration Provisoire avec celui arrêté en 1846 par le Hospodar Bibesko, présente pour ce dernier une différence en plus de 6,245,759 ps. en dépenses annuelles. Et cependant les dépenses dites administratives, et des impôts d'une importance majeure, ne sont point compris dans ce budget, et forment une autre série d'opérations fiscales, indépendantes de la Vestiarie, et dirigées par un bureau installé *ad hoc*, au ministère de l'intérieur. Ce bureau, confié à un ancien comptable infidèle, dirige spécialement les travaux publics. Ces travaux se bornent à la création de deux jardins, au dessèchement d'une mare, à la pose des tuyaux pour les fontaines pour la distribution des eaux de la Dimbovitza dans la capitale, et à la construction d'un quai à Braïla et d'un pont sur la rivière de l'Olto. Les voies et moyens affectés à leur exécution sont un impôt sur les Niamours[1], les corvées, la coupe des forêts des monastères, et la somme votée par l'Assemblée pour élever une statue au comte Kisseleff.

[1] Titre qui atteste qu'on est issu de noblesse.

L'impôt des Niamours était un droit perçu sur le renouvellement des titres à chaque nouvelle nomination de Hospodar. Aboli par le Réglement Organique: il fut rétabli par simple ordonnance du Hospodar Bibesco qui l'éleva à 60 ps. et ne le fit plus percevoir sur le titre qui comprenait parfois 4 et 5 noms réunis, mais par tête, ce qui l'accrut à proportion. Il est impossible de connaitre exactement le rendement de cet impôt, parceque, n'ayant point été voté par l'Assemblée, ni assis sur un dénombrement connu, il échappe par là à toute règle de comptabilité. Le chiffre avoué par le département de l'intérieur est de 1,800,000 ps.; mais par cela seul qu'on ne se contente point de renouveller les titres, qu'on en crée de nouveaux en falsifiant le sceau des anciens Hospodars et les signatures des Vestiars de ces époques éloignées, on peut s'imaginer le déplorable désordre qui préside à la perception de cet impôt odieux, dont le ministère Impérial, avait formellement refusé le rétablissement sous l'administration précedente.

Les corvées dérivent de la loi votée par l'Assemblée sur la proposition du Hospodar, loi qui oblige les paysans à travailler avec leurs charriots et leurs bœufs, pendant six jours de l'année, pour la confection des grandes routes. Malgré la défense expresse que le Règlement Organique porte de jamais rétablir ce mode de travail si onéreux pour le cultivateur, et si discrédité par les abus auxquels il donnait lieu sous les administrations anti-réformistes, cependant l'Assemblée n'avait pas cru devoir refuser au gouvernement ce moyen instamment demandé pour cause d'utilité publique reconnue et indispensable, comme celle des grandes communications intérieures, lesquelles devaient profiter principalement à l'agriculture et au commerce. Depuis cinq ans que cette loi est en cours d'application, aucune route n'a été sérieusement entreprise, si ce n'est une courte chaussée qui conduit à la maison de plaisance de la nouvelle princesse, chaussée, comme on peut bien le penser, où le commerce et l'agriculture n'ont rien à voir. Il est vrai que sur le cadre des améliorations annoncées figurent les grandes artères qui devraient lier la capitale avec Braïla, Georgeow, Crajowa, et la frontière d'Autriche; mais elles sont seulement sur le papier, et on ne répare pas même les voies élargies sous l'Administration Provisoire.

Les corvées n'ont point été ainsi appliquées jusqu'à ce moment au but d'utilité générale pour lequel elles ont été obtenues. Le gouvernement en employa une partie à la création du seul des deux jardins, planté en éventail des deux côtés de la chaussée qui conduit à la maison de plaisance de la princesse, au dessèchement de la mare de Tchesmidjiou située dans un des faubourgs, comme au transport des lourds conduits en fer et de la machine qui doivent amener les eaux de la rivière dans les fontaines de la capitale. Mais comme il restait encore chaque année un reliquat considérable de journées non employés, le Hospodar prit sur lui de le transformer en impôt personnel sur le pied de 9 piastres par tête; et il en appliqua le produit aux frais considérables de l'établissement des fontaines, qui lors du commencement de l'entreprise, avaient été présumés à 2,000,000 ps., mais qui ont depuis englouti 5,000,000 de piastres [1].

On ne peut d'ailleurs évaluer, comme pour le droit sur les Niamours, le rendement exact de ce nouvel impôt personnel, qui, également exigé en dehors des formes de comptabilité établies, et manié par le bureau spécial annexé au département de l'intérieur, se refusera toujours à toute appréciation réglée, d'autant plus que le contrôle général de l'État évite d'entrer dans l'examen des opérations relatives à son classement et à sa perception, sur le motif légal que le Règlement Organique a aboli d'une part les corvées, et prohibé d'un autre côté l'adoption et l'exécution de

[1] L'ingénieur que le gouvernement a fait venir pour la confection des fontaines, est un de nos compatriotes. Comme, dès son début, la Section le trouva, sur certains points, scrupuleux à l'excès et peu maniable, elle jugea prudent de ne pas l'initier aux mystères des bureaux ; et lui, voyant à qui il avait affaire, n'a jamais voulu s'occuper chose que de la partie technique de son œuvre.

toute nouvelle mesure, sans la permission des deux hautes Cours. On sait seulement, par les plaintes incessantes des communes, que les paysans sont obligés à un travail double et triple de celui fixé par la loi des six jours, et que c'est précisément aux époques des labours, de la fenaison et de la coupe des blés, qu'ils sont forcés de quitter leurs champs, et qu'ils n'échappent parfois à ces violences odieuses que par des prestations d'argent.

La coupe des forêts des monastères et de l'hôpital de Saint-Pantaléon, n'a point été autorisée par une loi; elle est aussi exécutée par ordonnance hospodariale. C'est une violation directe du droit de propriété, et une perte immense pour l'État, qui aurait pu se faire dans l'avenir une importante ressource de cet immense capital gratuitement gaspillé. Le quai de Braïla qui a été fait deux fois, une inondation du Danube ayant d'abord emporté les jetées; les opérations d'attérissement à la mare de Tchesmidjiou, et les premiers travaux pour le pont de l'Olto qui est encore en devis, ont englouti une énorme quantité de bois. On ne pourrait évaluer en argent le dommage occasionné, parce qu'il se complique des malversations que les employés de l'administration ne manquent point d'exercer, les coupes étant abandonnées, sans règle et sans précaution, à leur volonté arbitraire. Il ne faut pas croire d'ailleurs que le mal vienne des seules causes générales que nous avons signalées. La corvée et la coupe des forêts des monastères ne se font point seulement pour les travaux autorisés par ordonnances. Une fois la chose admise, toutes les convoitises ont pris l'éveil. Le Hospodar se fait bâtir une habitation vraiment royale dans la terre de Baniassa appartenant à sa nouvelle épouse, et tous les travaux indistinctement s'y exécutent au moyen des corvées. Les bois sont fournis par les forêts des monastères, et la chaux et les tuiles proviennent du reliquat des matériaux amassés pour la construction d'une caserne, que le Hospodar a fait bâtir avec l'argent de la caisse d'épargne des recrues dépouillées [1]. Cette caisse d'épargne est la même que l'Adresse de l'Assemblée à Ghyka disait avoir été dilapidée par le chef d'alors de la milice, et qui cependant s'est trouvée assez riche pour suffire à la petite dépense d'une caserne, et à la dépense bien plus importante d'un palais colossal. Il en est de même des constructions que le Hospodar fait élever, et des embellissements qu'il prodigue dans toutes ses terres. Ses parents, ses ministres, ses favoris et la plupart des personnes en place, tous prennent part à cette ample

[1] Les 150 ps. que les villages payent pour chaque recrue de la milice forment une caisse qui doit subvenir aux frais d'établissement des libérés au terme de leur service. C'est cette caisse qui a défrayé, au préjudice des libérés, les bâtisses ici mentionnées.

curée ; et l'on ne peut autrement caractériser, nous le répétons, ce qui se passe, qu'en le comparant à l'époque désastreuse de l'Administration Karadja.

Quant à la somme de 500,000 ps. votée par l'Assemblée pour élever une statue au comte Kisseleff, c'est sur son refus d'accepter cet honneur banal, dont sa gloire n'a que faire dans les Principautés, et c'est sur sa proposition d'affecter cette somme à l'établissement des fontaines dans la capitale, qu'elle a été jointe aux ressources précitées dans le but d'activer les travaux.

On a pu voir, d'après ce qui a été dit, que les améliorations si pompeusement annoncées n'ont abouti qu'à un jardin presqu'inutile à la capitale par sa situation, et à un quai mesquinement exécuté à Braïla. Mais en attendant, plus de 19,000,000 ps. ont été gaspillés, et les nouveaux impôts qui les ont produits ont occasionné un dommage incalculable aux paysans, par le mode arbitraire de leur perception. Le Consulat a pu d'abord croire aux bonnes intentions du Hospodar; mais se trouvant en présence même des faits, il n'a pu continuer à se laisser tromper que par système arrêté. Autrement il se serait bien promptement convaincu que des améliorations, quelque minces qu'elles soient, ne seront jamais réalisées en Valachie que par une administration ayant de l'ordre et quelqu'intelligence, qualités que nous ne sachions point encore pouvoir être remplacées par la jactance et la rapacité, aussi loin qu'on les pousse.

La partie des redevances non-fixée par le Règlement Organique, cette question, source de tant de plaintes sous Ghyka qui s'usa à vouloir défendre les intérêts du paysan, fut résolue sous le Hospodar actuel en faveur du propriétaire, ou plutôt du fermier et des employés de l'administration. En vain, M. Stirbey avait essayé, dans les commencements, de quelques conditions de garantie pour le paysan. La défaveur dont ce boyard, à plus d'un titre recommandable, jouissait auprès du Consulat et du Hospodar son frère, a réagi sur le sort des paysans qui ont définitivement perdu leur cause. On peut évaluer pour les 4,000 villages qui couvrent la Valachie, à 16,000,000 ps. au moins les abus auxquels donnent lieu les arrangements forcés de fermier à paysan. Ces abus ont déjà pris les formes régulières d'un impôt. Ce n'est plus tel ou tel individu dans un village, qui, ayant besoin d'une plus grande portion de terre que celle accordée par la loi, se voit forcé de passer par les conditions les plus onéreuses que lui impose le fermier; mais c'est tout le village, et les paysans même de troisième classe qui ne cultivent point la portion de terre accordée par la loi, qui sont obligés de payer pour un excédant de terre qu'ils ne demandent et ne prennent point. Et cela se fait ouvertement, au vu et au su des autorités, qui se font les exécuteurs empressés et salariés de ce nouvel impôt personnel.

La suspension de l'Assemblée, qui privait le pays de ses droits politiques, ne retomba point seulement sur les deux classes extrêmes de la noblesse et des paysans; elle atteignit également la bourgeoisie. Les élections des municipalités ne se firent plus que par ordre de la police. A Bukarest, ce ne furent plus les boyards les plus considérés qui purent briguer l'honneur d'exercer les fonctions gratuites de président et de membres du conseil de ville; ils furent tous mis au ban de la cité, comme ils avaient déjà été exclus de toute participation directe ou indirecte aux affaires générales. Il s'en suivit que les individus, préposés par ordre supérieur à exercer ces fonctions, ne purent ni ne surent défendre les intérêts qui sont censés leur avoir été confiés. Malgré la notable augmentation des revenus [1], due aux nouvelles taxations votées par l'Assemblée en 1845 au profit des villes, le budget de la capitale est en déficit et ne se soutient que par des emprunts; et dans un temps fort prochain, il lui sera matériellement impossible de suffire aux charges que le Hospodar lui impose sans discernement. Ces charges extraordinaires sont : une somme annuelle de 63,000 ps. pour les deux jar-

[1] Cette augmentation est d'environ 300,000 piastres.

dins; une subvention également annuelle de 32,000 ps. pour le théâtre; les frais de combustible et de curage pour la machine des eaux, frais fixés à 80,000 ps., mais qui dépasseront la somme de 250,000 ps., d'après l'estimation la plus modérée; les feux d'artifices, distributions de comestibles, arcs de triomphe et illuminations féeriques, pour fêtes, mariages et couches du Hospodar, de la Hospodaresse et des Hospodarillons mâles et femelles des différents lits de Son Altesse. La cherté progressive des premiers objets de consommation, comme, pain, viande, chandelle et savon, est venue d'ailleurs prouver, soit que l'accusation portée contre l'administration Ghyka, de s'entendre avec les boulangers et les bouchers pour se faire un revenu de 1,000 piastres par jour, était fausse et calomnieuse, soit que l'administration actuelle se livre à ce même commerce honteux et sur une plus grande échelle. Tous les règlements spéciaux que l'Administration provisoire avait établis pour l'Assainissement des villes sont mis de côté. On ne balaye plus, on n'arrose plus, on ne répare plus les pavés : la saleté des rues est quelque chose d'inconcevable; il y autant d'inhumanité que peu d'amour-propre à les laisser dans cet état. Et le grand incendie, qui a dévoré dernièrement une notable partie de la capitale, a prouvé qu'aucune des précautions prescrites par les dispositions si prévoyantes du comte Kisseleff n'avait été mise à exécution depuis l'arrivée au pouvoir du gouvernement actuel. Il ne s'est trouvé effectivement dans aucune maison, ni cordes, ni crocs, ni haches, ni échelles; de sorte qu'il devenait matériellement impossible d'essayer de lutter même avec le sinistre. Le Hospodar assista passivement au désastre, et se fit donner le jour d'après, par la municipalité complaisante de la capitale, des adresses de remerciment pour avoir sauvé la ville qui avait brûlé. M. Daschkoff se faisait surtout remarquer par la chaleur de son enthousiasme. Il ne pouvait concevoir l'héroïsme du Hospodar, qui s'était exposé à la fumée, et qui avait retardé de deux heures son dîner pendant ce jour néfaste.

Sous le prétexte d'approvisionner Bukarest, où le pain manque régulièrement, tandis que le pays regorge de céréales, les achats forcés ont été permis au profit de la municipalité qui s'entend ouvertement avec les administrateurs des districts qui prennent leurs blés aux paysans, et payent ce qu'ils veulent, mais toujours, dans leurs rapports officiels, au prix coûtant. On cite les plus proches parents du Hospodar, en exceptant toutefois M. Stirbey qui, n'ayant aucune influence, ne peut ni bien ni mal faire, comme participant à l'accaparement forcé des grains. Les sous-administrateurs servent d'instrument à l'exercice de cette nouvelle industrie. Ouvertement protégés par tel personnage influent, ils forcent les paysans à livrer leurs produits, pour des prix d'imagination, souvent du tiers de leur valeur réelle. Si les paysans dépouillés se plaignent aux autorités supérieures, celles-ci se trouvent placées entre leurs devoirs et le danger de déplaire au personnage qui protége les prévaricateurs dénoncés. Il va sans dire qu'ils s'empressent d'éviter le danger, et que le paysan est éconduit. C'est le retour du Capan, ou monopole Turc, non plus au profit de Constantinople, mais au profit des favoris. La spécialité du gouvernement actuel, c'est l'avidité qu'il témoigne en toute occasion pour la louange officielle. Le *salve imperator, morituri te salutant* est exploité dans tous les sens ; les brûlés, les affamés, les volés, sont forcés de remercier ; les boyards dont les droits sont foulés aux pieds, l'église qu'on dépouille, et dont on ridiculise la mission spirituelle, le commerce dont on paralyse l'action, proclament la clairvoyance, l'humanité et la générosité du Hospodar. Bien peu de personnes s'abstiennent, parce que les emprisonnements préventifs, la mise au secret, le supplice des verges et l'exil, ne sont plus le résultat d'arrêts judiciaires, comme nous l'avons déjà dit, mais ordonnés et exécutés par la seule autorité hospodariale. Dans l'intérieur, on s'en indigne, mais jusqu'à ce moment on ne bouge pas ; à l'extérieur, les adresses laudatives que le gouvernement se fait décerner forment capital ;

le journal salarié de Constantinople ne cesse d'imprimer les remerciments du peuple valaque à son Hospodar, et par contre les plus odieuses calomnies sur les boyards les plus honorables ; çà et là même on réussit à capter la crédulité de quelque feuille d'Allemagne, dont la bonne foi est mise en défaut par une pauvre gazette allemande qui s'imprime à Bukarest aux frais du Hospodar. Les Consuls des puissances étrangères assistent à ces scènes burlesques sans les comprendre, ou bien circonvenus de toute manière, et ne se bornant qu'à préserver leurs nationaux et les petits intérêts qu'ils se créent malheureusement dans le pays, ils se taisent, et rien ainsi ne transpire au dehors de ce déplorable état de choses.

La seule pensée qui trouble le Hospodar, c'est que cette situation ne parvienne à être connue du ministère russe et de l'Empereur ; ce serait sa perte immédiate. Aussi emploie-t-il tous les moyens imaginables pour égarer l'opinion en Europe, et ne se refuse-t-il point même les plus minces ressources à cet égard. On sait comment M. Doré de Nion, notre consul général actuel, fut circonvenu à son arrivée, l'an passé, par le Hospodar qui avait alors à racheter de graves torts vis-à-vis de la France qu'il déteste, quoiqu'il y envoie ses enfants faire, comme lui, leurs études. M. de Nion fut de sa part l'objet de mille attentions, prévénances et petits soins hypocrites. On s'occupa de lui chercher une maison, il désirait un jardin; on lui en créa un comme par enchantement, dessiné et planté par le jardinier Mayer. Aussi M. de Nion fut ébloui, fasciné, et ne tarit plus en éloges sur le mérite transcendant, le caractère et les grandes capacités du Hospodar. C'était tout ce que celui-ci désirait, pour que M. de Nion fit à son gouvernement des rapports précisement contraires à ceux de son honorable et véridique prédécesseur, M. Billecocq, qui lui, diplomate exercé et se connaissant en hommes, avait toujours apprécié le Hospodar Bibesko à sa juste valeur. Mais on raconte que Mme de Nion, se plaignait un jour de mourir de langueur et d'ennui. Interrogée sur la cause de son prétendu mal, ne répondit-elle point que M. Daschkoff avait remis à son noble époux la liste des seules personnes qu'il était convenable à un agent de France de voir à Bukarest, et que, cette liste se bornant à la cour du Hospodar et aux quelques personnes qui la fréquentent, et n'offrant d'ailleurs aucune ressource de société, force lui était de dessécher dans l'isolement pour ne point déroger : admirable quiproquo, qui a fait croire à cette dame, aussi justement fière de sa naissance que de la situation officielle de son époux, qu'elle voyait dans cette liste, où ne figurent que les noms de quelques intrigants parvenus, le livre d'or de la noblesse valaque, laquelle vit douloureusement à l'écart, et, se trouve ainsi, par la puritaine exclusion de

M. Daschkoff, privée encore des visites et de l'aimable conversation de Mme de Nion.

Pour les affaires du Clergé, la suspension de l'Assemblée n'a pas donné lieu à des abus de pouvoir moins audacieux. Le Règlement Organique préposait le Métropolitain à la garde de la caisse Centrale, où se réunissent les revenus des monastères indigènes, des caisses particulières à chaque évêché vacant, des dépôts provenant également des vacances de monastères grecs ou d'héritages ecclésiastiques. Toutes ces différentes attributions de surveillance furent enlevées au chef de l'Église, non-seulement en vue de s'emparer des réserves considérables et des revenus courants des caisses spéciales du Clergé, mais aussi par profonde rancune contre ce prélat, qui seul, restant encore sur la brèche des institutions attaquées, luttait avec persévérance et s'attirait les sourdes antipathies du Consulat et du gouvernement qu'il protégeait. Il y avait aussi un autre motif qui envenimait la colère du Hospodar : c'était le refus d'accorder pour les deux divorces les dispenses qui devaient rendre réalisable le mariage projeté. Mais ces deux divorces étaient impossibles. Naguère M. le Chancelier de l'Empire, dans une lettre au métropolitain, disait que l'Empereur Nicolas attribuait au long veuvage du siége de la métropole, le relâchement des mœurs en Valachie, et que S. M. Impériale espérait en la sévérité et en la fermeté du nouvel archevêque pour mettre un frein à des scandales funestes à la religion et à la morale. Nonobstant cette auguste invitation, le Métropolitain trouvait encore, dans les devoirs impérieux de sa mission apostolique, une impossibilité dirimante qui lui faisait une loi de ne point permettre des actes qui, même dans les Principautés, n'avaient point de précédents, et qui répugnaient à sa conscience. A quel titre le Hospodar Bibesko donnant un si funeste et si incroyable exemple d'immoralité pouvait-il prétendre à l'indulgence de l'église, et lui demander de suspendre des règles immuables, afin de consacrer un double adultère par une union mal assortie qui, dès ici bas déjà, est devenue une amère punition pour ce couple violateur de toutes les lois divines et humaines? Et cependant le Consulat appuya l'appel du Hospodar au patriarche de Constantinople. Y a-t-il donc, sur les questions de religion et de morale, deux manières de voir, comme au sujet de la politique et des institutions? Dans cette affaire du mariage, la partialité trop évidente du Consulat ne nuisait plus seulement aux choses de ce monde; elle s'attaquait à plus haut. De sorte que les résistances du métropolitain ne servirent qu'à montrer aux habitants du pays que leurs opinions religieuses n'étaient pas plus respectées que leurs droits politiques.

Les magnificences royales déployées pour les fêtes

du mariage, les municipalités des villes se ruinant pour suffire à des réjouissances imposées, le mépris affiché par le prince Stourdza de Moldavie, lequel devait servir de *père assis*, d'après le rit grec, et ne dissimulait point que cette corvée lui était imposée par M. Daschkoff; la corbeille de mariage coûtant enfin la somme énorme pour le pays de 3,840,000 piastres : tout ce luxe enfin mêlé à tant de bouffonnerie et de scandale, étonnait et indignait. De tous les sentiments que peut inspirer l'autorité publique, le mépris est le plus funeste; le Hospodar Bibesko venait de s'en couvrir à jamais. Il fallait cependant pourvoir à payer *les prodigalités de son bonheur*, comme il les appelait lui-même. De cette époque date un plus grand désordre dans les finances. Le Consulat, dans sa joie d'avoir réussi à assurer le repos de l'intérieur du Hospodar, ne cessait de répéter que le gouvernement marcherait dorénavant avec plus de régularité; et c'est cependant au milieu de cette joie et de ces assurances que toutes les ressources du trésor étaient épuisées, et que les caisses spéciales du clergé étaient enlevées. On alla même plus loin. On attaqua les établissements particuliers : le vaste hôpital de Saint-Pantaléon, fondé et doté par la famille Ghyka, possédait une réserve d'à peu près 700,000 piastres; elle lui fut arrachée. On en agit de même pour différentes autres fondations pieuses. On évalue à 4,530,000 piastres les sommes soustraites jusqu'à ce moment à la caisse Centrale, et à environ autant celles qui ont été détournées des évêchés, des vacances de monastères grecs, et des dépôts et héritages ecclésiastiques.

Pour couvrir en apparence ces dilapidations, le gouvernement, sans y être invité, annonce qu'il rebâtira quatre monastères dans les montagnes, ainsi que l'église de l'évêché d'Ardjech. Les dépenses inutiles qui montent à environ 5,000,000 piastres servent de paravent à cette ingérance illégale dans les affaires pécuniaires de l'église ; mais les deux tiers de ces dépenses sont fictives ; le détail en est confié à des comptables infidèles, et les abbés des monastères sont exclus de la surveillance des travaux.

Quant aux monastères grecs, nous ne toucherons point à cette question, qui doit être bien connue du ministère russe, à causes des incessantes réclamations que sa légation à Constantinople, reçoit de la part des communautés spoliées. Nous nous bornerons à remarquer que cette question est toute d'humanité, en ce sens que les longs malheurs et les misères des populations chrétiennes qui habitent la Turquie inspirent la plus vive sollicitude aux cabinets et aux peuples de l'Europe, et que par cela même que les revenus des communautés grecques dans les Principautés servent à soulager ces populations, en y entretenant quelques écoles, des hôpitaux et autres établissements de ce genre, en bien petit nombre hélas ! pour de si grandes et de si longues infortunes, céder aux prétentions des gouvernements moldo-valaques qui veulent s'emparer de tout ou partie des revenus de ces communautés, c'est aggraver le sort des populations chrétiennes, auxquelles tout le monde prend un si vif intérêt. S'il s'est glissé des abus dans la gestion des monastères grecs, il est d'abord de fait que ces abus sont dus à la rapacité des administrations indigènes, et lors même qu'ils proviendraient de la négligence et de l'incapacité des religieux, nous ne voyons point que ce soit une raison pour justifier une spoliation. Ces abus d'ailleurs, il dépend de la Russie, dont l'Empereur est reconnu par les traités défenseur de la religion grecque dans le Levant, de les extirper, de manière à rendre les communautés religieuses complétement aptes au but d'humanité et de piété que se sont proposé leurs vénérables fondateurs. Les révolutions se couvrent d'ordinaire du prétexte du bien public, pour excuser la perturbation de la propriété ; les gouvernements moldo-valaques ne pourraient arguer du même motif pour confisquer tout ou partie des revenus des monastères grecs, et cela à une époque ou l'Europe entière se soumet à toute sorte de sacrifices, pour aider au progrès et à l'instruction des chrétiens du Levant. Est-il venu dans l'idée du gouvernement russe de prélever jamais un droit sur les donations importantes, faites par les Zossima, les Varvaqui et tant d'autres, à leurs coréligionnaires, sous le ridicule prétexte que ces hommes pieux avaient fait fortune en Russie? Le Hospodar Bibesko ne comprend l'indépendance de son pays, que dans la persécution des plus nobles intérêts, créés anciennement par la situation exceptionnelle des Principautés en Turquie. Etranger aux antécédents de la noblesse valaque, il n'a pas l'intelligence de l'honneur, légué aux boyards actuels par leurs ancêtres, pour la plupart Grecs, venant au secours de la religion dans son berceau, à Jérusalem, à Sinaï, au mont Athos, et aux ermitages de la Thébaïde.

Nous avons vu jusqu'ici quels ont été les résultats de la suspension de l'Assemblée, pour les finances, l'intérieur et les cultes; il nous reste à parler de la justice. C'est la branche du service qui a le plus souffert, et celle où les garanties réglementaires ont été le plus ouvertement violées. Le comte Kisseleff avait rencontré de grandes difficultés; et malgré tous ses efforts, il n'avait point réussi à régulariser complétement cette partie du service public. Mais en homme supérieur, il sentit que le temps seul peut former des juges, des avocats et des notaires; et il se borna à veiller sur les tribunaux, et à inspirer une crainte salutaire aux prévaricateurs, en laissant au progrès naturel de l'instruction à faire le surplus. Si les gouvernements qui lui succédèrent avaient suivi cette voie, la justice serait déjà organisée en Valachie. Il eût fallu se montrer sévère sur la moralité des personnes, encourager les études spéciales, respecter l'indépendance des cours judiciaires, se renfermer strictement dans sa prérogative, et ne point faire du sanctuaire de la justice une arène électorale, où le vote politique excuserait tous les abus et toutes les malversations. Sous le Hospodarat Ghyka, on tâtonna longtemps, on essaya de diverses modifications, pour remédier à un mal dont la cause n'est point là où on la cherche, mais dans le mauvais usage que les hospodars font de leur prérogative et dans la constante inobservation des dispositions réglementaires. Le Hospodar Bibesko, manquant tout-à-fait d'expérience, et ayant de plus le malheur de se croire des idées en matière de législation et de jurisprudence, augmenta la confusion. En nommant M. Villara, qui avait passé sa vie dans les bureaux des finances, ministre de la justice; en lui déférant une autorité sans bornes ; en repoussant toute requête qui dénonçait l'abus de cette autorité; en peuplant les cours judiciaires de ses créatures et des électeurs qui lui avaient donné le pouvoir, et en excluant tous les hommes spéciaux qui s'étaient fait remarquer par leur aptitude depuis l'introduction des réformes; en dictant les arrêts des tribunaux, en les cassant souvent au gré de ses passions ou de ses caprices, il démolit l'édifice au lieu de le réparer. Mais il n'attaqua point seulement les tribunaux : il fit une guerre systématique au Règlement, en brisa, en éparpilla les dispositions. Au criminel, il confirma la peine de mort à jamais abolie. Il exila sans jugement préalable, malgré l'art. 6. du traité d'Ac-Kerman, et les prescriptions impératives de la loi fondamentale qui accorde à tous les habitants cette garantie contre l'abus du pouvoir des hospodars. Il augmenta les peines prononcées par les tribunaux, tandis qu'il n'a que le droit de les diminuer et de faire grâce. Il porta le désespoir dans l'âme des détenus, et les poussa à de fréquentes insurrections en leur faisant infliger par ses délégués des privations inouies, et en repoussant leurs réclamations avec dureté : il alla enfin jusqu'à faire rédiger des arrêts de condamnation à des peines capitales, sans l'intervention du greffe et des membres du divan suprême qui avaient à signer ces arrêts.

Au civil, il se fit une règle de ne point s'astreindre à confirmer les décisions du Divan suprême. Il changea la loi sur les empiétements des terres, établit de nouvelles prescriptions, et se fit en même temps juge et législateur. Les enquêtes judiciaires furent annihilées; les rapports du département de la justice, devenu omnipotent et omniscient, suffirent à tout. L'abus qui se commettait sous Ghyka, par exception, devint la règle sous le Hospodar Bibesko, et rendit la propriété douteuse. Tout ce qui résista au torrent révolutionnaire des volontés hospodariales, fut éliminé ; et l'indépendance du pouvoir judiciaire alla dormir à côté de l'Assemblée, toutes deux brisées par le gouvernement, qui, d'après ses promesses et ses déclarations, venait rendre son lustre au Règlement Organique, soi-disant mal compris et mal appliqué par l'administration précédente. Nous ne parlons point de la vénalité des charges judiciaires, de la persécution des intérêts particuliers, et de la détresse du commerce. Faut-il donner des détails et des preuves sur les résultats funestes de la transgression manifeste des lois? Mais est-ce de gaieté de cœur et sans but qu'on organise le désordre? Nous exprimons seulement encore notre étonnement de ce que le Consulat persistait, même dans cette partie, à applaudir à la conduite du Hospodar, et à accuser de mauvais vouloir et d'ambition les hommes honorables qui fuyaient le contact d'une administration aussi immorale que violente et désorganisatrice.

Troisième époque.

Tels furent les résultats de la suspension des garanties accordées par les traités à la Valachie. La situation était tellement grave vers la fin de l'année 1846, époque de l'expiration du mandat de l'Assemblée suspendue, et où de nouvelles élections générales allaient faire rentrer le pays dans la jouissance de ses droits politiques, que le Hospodar sentit lui-même qu'il lui était impossible, avec le mépris que son gouvernement inspirait à l'opinion publique, de réussir à se former une majorité de députés qui consentissent à passer sous silence les désordres de son administration. Eût-il eu cet espoir, qu'il n'aurait pas encore été satisfait; car il était obligé alors de changer de conduite pour l'avenir, et de renoncer à son système. Cependant il fallait se résigner, ou courir le danger de voir la nouvelle Assemblée s'adresser immanquablement aux deux hautes Cours, avec de respectueuses doléances. Dans cette alternative, il adopta le seul parti conforme à la violence de son caractère. Il osa changer la loi des élections, et fit appel au parti des anciens Valaques ou patriotes, pour venir au secours du gouvernement qu'ils avaient créé, et du système qui les faisait vivre.

Cet acte audacieux, qui renverse officiellement les traités et le Règlement Organique, aurait dû être sur le champ sévèrement désapprouvé par le Consulat, chargé de veiller à leur maintien. Non-seulement aucun veto, aucune manifestation de sa part ne vint consoler et fortifier le pays, mais encore toute protestation fut interdite à la noblesse par l'accueil disgracieux que reçurent deux de ses membres, qui osèrent adresser leurs réclamations à M. Daschkoff et invoquer son assistance. Nous insérons ici la lettre de protestation que quatre-vingt-quatre boyards de tout rang avaient signée, pour remettre au Consulat, lorsque rebutés par la réception faite à leurs collègues, ils se résignèrent à renvoyer à un temps plus favorable l'expression de leurs griefs. Cette lettre pouvait mieux exposer les droits du pays ; mais telle qu'elle est, elle sert à prouver au moins que la Valachie n'est pas morte au sentiment de ses maux.

« Monsieur le Consul général.

» Les soussignés croient de leur devoir de signaler » à l'attention de Votre Excellence l'Office de convo- » cation pour l'Assemblée Générale ordinaire en date » du 27 octobre 1846, sous n° 330, et les instructions » qui l'accompagnent, comme des actes qui renversent » les principes et les lois qui règlent les élections, et, » comme tels, funestes au maintien de l'ordre public.

» L'Office en question, tout en déclarant se renfermer » dans les dispositions des paragraphes 3 et 4 des art : 75 » et 76 du Règlement Organique, tout en assurant que » les instructions émanées de l'Administration Provi- » soire devront servir, comme par le passé, aux élec- » tions présentes, applique dans le fait les dispositions » des articles précités, d'une manière matériellement » contraire à ce qui avait été fait sous l'Administration » Provisoire, et au lieu d'envoyer aux administrateurs

» des districts les instructions émanées de cette même » administration, il leur fait tenir celles, toutes différentes et toutes nouvelles, publiées dans le n° 79 du » bulletin officiel.

» En effet, sous l'Administration Provisoire, tous les » boyards ou fils de boyards, de quelque rang qu'ils » fussent, pourvu qu'ils possédassent une propriété ter» ritoriale, et qu'ils eussent l'âge voulu, avaient de droit » de voter dans les élections des districts. Et comme, » dans le nombre, il y en avait qui, possédant des terres » dans différents districts, pouvaient abuser de ce droit » pour voter dans plusieurs colléges à la fois, le Règle» ment Organique, pour obvier à cet inconvénient, éta» blit que les colléges électoraux des districts seront » convoqués tous dans le même jour, et à la même » heure, afin de mettre de cette manière les électeurs » dans l'impossibilité matérielle de se présenter en per» sonne dans plusieurs colléges à la fois. De cette dis» position il ressort que le Règlement Organique n'a » jamais entendu donner exclusivement, à ceux qui ha» bitent matériellement dans les districts, le droit de » voter, mais bien à tous les boyards propriétaires, » qu'il a voulu empêcher même de mésuser de ce droit. » Les lettres de convocation de cette époque, conser» vées par plusieurs boyards propriétaires, mais non » résidant dans les districts, prouvent d'une manière » positive que tous indistinctement avaient pris part

» aux assemblées électorales, sous l'Administration
» Provisoire. Ainsi l'Office en question, qui défend à
» tous les propriétaires de voter dans les colléges des
» districts, est en opposition flagrante avec les instruc-
» tions et la marche suivie par l'Administration Provi-
» soire, bien qu'il déclare se servir de ces mêmes in-
» structions. L'Office en question convoque le grand
» collége de Bukarest, simultanément avec les colléges
» des districts, en opposition à ce qui s'est pratiqué sous
» l'Administration Provisoire et aux instructions de
» cette époque, et par là il met les boyards de première
» classe dans l'impossibilité de voter dans les élections
» des districts, comme le leur accorde la loi qui éta-
» blit que, dans ces assemblées, les plus avancés en
» rang occupent les siéges des secrétaires.

» L'Office en question, en accordant l'éligibilité aux
» boyards de seconde classe, propriétaires mais non
» résidents, rend cette éligibilité impossible, parce
» qu'en les privant du droit de voter, et en créant une
» classe nouvelle d'électeurs, la classe des résidents,
» il donne de fait l'éligibilité exclusive à ces mêmes ré-
» résidents qui se garderont bien de voter pour d'autres
» que pour eux. Aussi, par les dispositions de cet Office,
» la seconde classe des boyards propriétaires, mais non
» résidents, est privée de tout droit politique; car en les
» privant du droit de voter, on leur rend impossible le
» droit d'être élus. Et cependant cette seconde classe

» de propriétaires non résidents est la plus nombreuse, » la plus riche, et la plus attachée en conséquence au » maintien de l'ordre public; tandis que le bien petit » nombre de boyards qui résident dans les districts ne » possèdent, pour la plupart, que des propriétés de peu » d'importance, et se trouvent ordinairement par les » petites fonctions qu'ils exercent, sous la dépendance » absolue des administrateurs et autres agents du pou- » voir. Et c'est cependant au profit de cette classe que » l'Office entreprend de priver la grande majorité des » boyards propriétaires de tout droit politique. Il est » vrai que, pour éviter ce blâme, les instructions » qui accompagnent l'Office paraissent accorder aux » boyards résidant dans les villes, le droit de voter » dans les colléges des districts dont ces villes ressor- » tissent, lors même qu'ils ne possèdent point des pro- » priétés foncières dans cette circonscription. Ainsi à » Bukarest, le collège du district réunira une foule d'é- » lecteurs qui dépasse peut-être le nombre de mille; » tandis que, dans le district avoisinant de Vlaska, le » collége ne réunira peut-être pas trente électeurs, sur » environ quatre cents boyards propriétaires dans ce » même district :ce qui établit une anomalie, que le » Règlement Organique n'a jamais certes entendu con- » sacrer. S'il s'agissait de réduire l'Assemblée Générale » ordinaire aux proportions qu'elle avait sous les hos- » podars, avant l'introduction des réformes, et de dé-

» truire tout contrôle sérieux des comptes de l'Etat, il » n'y aurait point de mesure plus efficace que celle or- » donnée par l'Office en question ; parce que la partie la » plus nombreuse et la plus importante des proprié- » taires venant à être éloignée des élections, le résul- » tat de ces élections ne peut être que des députés » désignés par les administrateurs des districts, et » comme tels, des instruments passifs des volontés du » gouvernement, prêts à admettre et à consacrer par » leur signature toutes les dépenses, toutes les illéga- » lités, et toutes les injustices qu'il plairait à une ad- » ministration de consommer.

» Pour preuve irrécusable que l'article 46 du Règle- » ment Organique n'a point eu en vue la résidence » matérielle, mais seulement le domicile résultant de » la propriété territoriale, c'est que lorsque le Règle- » ment Organique fut écrit et introduit, il n'y avait » peut-être pas, dans la plupart des districts, comme » Jalomitza, Braïla, Vlaska, Mehédintzi, Veltza et » autres, une trentaine d'individus réunissant, aux » qualités voulues de rang et d'âge, la résidence maté- » rielle inventée actuellement comme condition *sine* » *quâ non* du droit de voter. Les brigands qui infestaient » les routes, le manque de ressources sanitaires, et l'ab- » sence de tout moyen d'enseignement rendant l'habi- » tation des campagnes impossible, les boyards de toute » classe résidaient dans la capitale et dans le peu de

» villes qui, comme Crajowa et Pitesti, étant devenues » des centres de population, pouvaient offrir quelque » commodité et quelque sûreté pour la vie. D'ailleurs, » ce n'est que sous les administrations des Hospodars » Ghyka et Bibesko, que les petits propriétaires de la » dernière classe ont reçu des titres de noblesse; il eût » été ainsi maté riellement impossible que le Règle- » ment Organique statuât en faveur d'êtres d'imagina- » tion qui alors n'existaient point. Par le mot *domici-* » *liés*, comme la version française le donne, il a » nécessairement entendu ceux qui possédaient les » terres, et avec d'autant plus de certitude, que la base » de l'exercice de tout droit en Valachie porte sur la » propriété territoriale. Mais il est une autre considéra- » tion que celle qui dérive de l'explication gramma- » ticale du mot *domiciliés* : c'est que l'Office en ques- » tion, en voulant accorder, uniquement à ceux qui » résident matériellement dans les districts, le droit » exclusif de vote dans les assemblées électorales, res- » treint le nombre des électeurs à la plus petite mino- » rité des boyards, et prive la grande majorité des pro- » priétaires des droits politiques qu'ils ont exercés jus- » qu'à ce moment sans conteste, en 1831 et 1832 sous » l'administration Provisoire, en 1836 et 1841 sous le » Hospodar Ghyka, et en 1842 sous le Hospodar Bi- » besko, à l'ombre des instructions du comte Kisseleff. » Ces instructions seules peuvent faire autorité pour

» l'application de l'article 46 du Règlement, parce » qu'elles émanent de ce même chef qui a présidé à » l'introduction des réformes élaborées sous sa bien» faisante influence, réformes dont les principes ont » dû être présents à l'esprit de l'illustre exécuteur » d'une loi qu'il avait lui-même fait adopter. Et il est » tellement hors de toute incertitude que tel est non» seulement l'esprit du Règlement Organique, mais » aussi la pensée des deux hautes Cours, qu'elles stipu» lèrent solennellement, à Constantinople, que les sup» pléments que l'Administration Provisoire a jugé » nécessaire de joindre au Statut Organique, seront » considérés comme faisant partie de ce même Statut; » et que, dans une occasion subséquente, des difficultés » s'étant élevées entre le gouvernement du Hospodar » Ghyka et le Consul général de Russie sur une autre » expression de ce même article 46 du Règlement, M. le » baron Rückman, alors Consul général, a, par une » note formelle en date du 13 août 1836, transmis offi» ciellement au gouvernement valaque la décision de » Sa Majesté l'Empereur, laquelle coupe court à toute » interprétation ultérieure en ordonnant péremptoire» ment : que *les dispositions consignées par l'Adminis» tration Provisoire, dans les instructions qu'elle a » transmises au Conseil administratif, en date des 13 » et 15 octobre* 1831, *doivent servir de règle à la marche » des élections*, *vu qu'elles ne sont qu'un dévelop-*

« *pement indispensable des principes émis par l'article*
« *46, dont elles ont spécifié l'application dans ses détails.*

» Mais pour renverser ainsi et les dispositions des » art. 45 et 46 du Règlement, tout en déclarant s'y con» former, et les instructions émanées de l'Administra» tion Provisoire, tout en publiant des instructions » toutes nouvelles et toutes différentes, l'Office en ques» tion doit prendre, comme il le fait en effet, tous les » caractères d'une nouvelle loi. Et cependant les lois en » Valachie sont élaborées par les Assemblées Générales; » l'autorité hospodariale n'en a que la confirmation et » l'exécution. Le Règlement Organique ne lui accorde » point le droit de changer, en quoi que ce soit, la légis» lation existante qui règle la marche à suivre dans les » élections, parce que cette législation se trouve placée » sous l'égide de l'article 52 du Règlement Organique » qui établit à tout jamais que tout acte d'une Assemblée » Générale ou d'un Hospodar, qui serait contraire aux » priviléges du pays, aux traités ou aux hatti-chériffs, » comme aux droits des deux hautes Cours, sera con» sidéré comme étant sans force et non-avenu. Or l'Of» fice en question est contraire aux priviléges du pays, » parce qu'il prive la grande majorité des boyards de » leurs droits les plus importants; et il est contraire aux » traités et aux hatti-chériffs, comme aux droits des » deux hautes Cours, parce qu'il renverse le mode des » élections introduit par l'Administration Provisoire.

» mode consacré par les traités et par le hatti-chériff » qui en est résulté, ainsi que par la décision plus » récente de Sa Majesté l'Empereur, Protecteur de la » Principauté, consignée dans la note du Consulat » général de Russie en août 1836.

» C'est à ces causes que les soussignés se croient en » devoir de réclamer la favorable assistance du Consu- » lat général de Russie pour la conservation de leurs » droits, tout en se réservant de porter par la suite leurs » humbles griefs jusqu'au pied du trône de Sa Majesté » l'Empereur, l'auguste Protecteur de cette Princi- » pauté. Pour le moment, ils protestent, au nom de la » Cour Protectrice qui a daigné promettre de veiller » au maintien intact de réformes introduites sous ses » auspices, contre l'Office de convocation et les in- » structions qui l'accompagnent, rendus par S. A. le » Hospodar en date du 27 octobre 1846, parce que ces » actes changent complétement les principes et les lois » qui règlent les élections à l'Assemblée Générale ordi- » naire. C'est le coup de hache porté sur la clef de voûte » soutenant le corps entier des améliorations et des » réformes, qui, sous le titre de Règlement Organique, » nous ont été accordées et garanties par les deux » hautes Cours, en retour de l'abandon volontaire, » effectué par nous sous la mémorable administration » du comte Kisseleff, des droits et avantages ancienne- » ment attachés aux grandes charges et à la qualité de

» boyard, d'après des usages traditionnellement admis » et consacrés par une possession de plusieurs siècles. » Ces actes, les soussignés ne peuvent les considérer » comme obligatoires, — non-seulement parce qu'ils les » privent de droits, que les administrations du comte » Kisseleff et des Hospodars Ghyka et Bibesko leur ont » reconnus jusqu'à ce moment, sans conteste, de voter » dans les élections des districts; non-seulement parce » qu'ils privent à tout jamais leurs enfants de prendre » part aux affaires de leur pays, sous peine de se sépa- » rer de leur famille et d'aller habiter les déserts des » districts, où tout moyen d'éducation manque totale- » ment; non-seulement parce qu'ils retirent à la grande » majorité des propriétaires, aux plus intelligents, aux » plus indépendants par la fortune, et aux mieux ren- » seignés sur les affaires du pays, toute participation » aux élections, pour confier exclusivement le dépôt sa- » cré de la défense des intérêts publics à une minorité » de petits propriétaires, la plus infime, la plus dénuée » d'indépendance de fortune, la plus frustrée des avan- » tages de l'instruction, portée par conséquent, par » ignorance et par position, à sacrifier l'avenir au pré- » sent et à servir d'instrument passif aux abus, — mais » parce que ces actes joignent, à toutes les illégalités » ci-dessus relatées, le vice capital de toucher, sans » l'assentiment des deux hautes Cours, et sans la parti- » cipation de l'Assemblée Générale ordinaire, à la plus

» fondamentale de nos lois, d'en dénaturer le principe,
» de heurter violemment les intérêts les plus respec-
» tables, de semer la division, la haine et des passions
» heureusement inconnues dans notre paisible pays,
» et de paralyser en même temps les effets de la haute
» et bienfaisante pensée qui a voulu rompre, à tout
» jamais, le réseau de la centralisation des abus dans
» les bureaux de l'ancienne Vestiarie, en soumettant
» les comptes de l'État au contrôle réel et non fictif
» d'une Assemblée élue par tous les propriétaires. »

Si cette protestation avait été remise, il est difficile de croire, après tout ce que nous voyons se passer tous les jours, que le Consulat n'aurait point réussi à la présenter, à Pétersbourg, comme une démarche de peu de valeur. Et lors même qu'on en eût jugé autrement, et qu'on eut enjoint au gouvernement valaque de se renfermer dans l'observation du Règlement, les opérations électorales auraient été terminées avant que cette décision eût pu parvenir à Bukarest. Les ordonnances s'étaient précautionnées contre ce danger, par le délai très-court qu'elles assignèrent pour la réunion des colléges. Une fois les députés élus, le Consulat n'aurait pas de peine à soutenir le fait accompli, et à renvoyer l'exécution de la loi aux calendes grecques : manière d'agir qui ne manque jamais d'être accueillie par le consentement du silence, dans le profond dégoût que les embarras des affaires valaques inspirent à Pétersbourg, et dans l'opinion, sans cesse entretenue par les rapports du Consulat, que ces affaires ne méritent point l'extension que leur avait donnée le comte Kisseleff. Nous pensons donc que le sort de la loi électorale et du Règlement qu'elle était destinée à soutenir, avait été d'avance décidé entre le Hospodar et le Consulat, qui, étroitement unis par une entente cordiale, préparent de longue main la solution de toutes les questions qui les intéressent, et ne redoutent plus, au moment de l'exécution, que des plaintes isolées et timides, qu'ils ont d'avance caractérisées comme insignifiantes et peu dignes d'être écoutées, viennent apporter un obstacle à leurs projets. Nous en avons pour exemple, tout ce qui a été illégalement perpétré sous le Hospodarat actuel. Pour s'emparer des caisses spéciales du clergé, on avait commencé par écrire qu'il vaut mieux emprunter à ces caisses, dont les capitaux ne servent à rien, que d'augmenter de plusieurs dixièmes supplémentaires les impositions qui pèsent sur le paysan. De quelle valeur peuvent être, après coup, des plaintes sur l'illégalité de cette mesure une fois permise et exécutée? Et sur quoi se fonderait-on pour donner créance aux abus auxquels l'adoption de cette mesure a donné lieu, lorsque les rapports du Consulat et les assurances du Hospodar présentent les choses, comme étant dans le meilleur état? Pour ramener le système des corvées, et rétablir des impôts abolis par le Règlement Organique, n'avait-on point écrit à Pétersbourg, en s'appuyant de l'intérêt du commerce et de l'agriculture, lesquels, en tout pays, réclament l'ouverture de grandes communications à l'intérieur? On avait osé même annexer les plans des routes à construire, et un ensemble magnifique de travaux. Eh bien! que signifieraient des plaintes qui accuseraient le Hospodar de ne pas s'en tenir aux lois des finances établies par le Règlement? Oui bien, il l'a fait. Mais il en a d'abord demandé la permission; et c'est dans les meilleures intentions, c'est pour améliorer l'état du pays, qu'il modifie ces lois! — Mais il ne pratique rien; cinq ans se sont passés, et il n'y a pas ombre de routes et de canaux; il applique les nouveaux impôts à embellir ses terres et à bâtir à sa femme des palais de plaisance somptueux. — Et pourquoi donc croire à ces assertions, dont toutes les oppositions passées et futures se servent contre les meilleurs gouvernements? Pour employer exclusivement le parti des anciens Valaques ou patriotes et lui livrer toutes les ressources du pays, n'a-t-on point représenté depuis longtemps à Pétersbourg tous les boyards comme corrompus et indignes de l'intérêt du ministère Impérial? Et quel moyen d'ailleurs adopter pour parvenir à séparer l'ivraie du bon grain, s'il y en a? Et quelles plaintes trouveraient sur ce point un accès favorable, lorsque les rapports du Consulat appuyent les accusations du Hospodar? Il en a été de même sans doute pour la destruction de la loi électorale. Le Hospodar, vous verrez, aura agi par bonne intention; il aura voulu appliquer la lettre de la loi, et agir d'après le *Règlement-vérité*. Le comte Kisseleff a pu faire autrement; mais ce n'est point une raison pour qu'il faille marcher aveuglement sur les traces de cet ex-roi des Principautés, comme les buralistes du département affectent de le désigner. Et puis, voilà que le résultat est des plus excellents. Le pays ne bouge pas; donc il est tranquille, sinon heureux. La nouvelle Assemblée ne se plaindra point, ne criera point, c'est l'essentiel. M. Daschkoff est le phénix des Consuls, et le Hospodar un Prince comme on n'en voit pas! Mais cependant, pour nous qui ne sommes, ni Hospodar, ni Consul, qui avons été dans le pays, qui avons vu, ce qui s'appelle vu, de nos propres yeux, et qui après notre départ, recevant les renseignements les plus exacts, tous basés sur des actes officiels que nous pouvons produire, actes appuyés des explications les plus lucides, venant des boyards les plus honorables et les plus dignes de foi, parce qu'il s'en trouve encore et beaucoup, malgré les assurances contraires du Consulat; pour nous, qui avons pour unique but d'éclairer l'opinion publique, et de payer l'hospitalité qu'on nous a accordée en Valachie, par un bien faible service, celui d'exposer la vérité seule, nous ne pouvons mettre au-dessus des faits les considérations subreptices sur lesquelles s'étaye le système de l'administration actuelle, et nous disons ce qui est.

Ces faits, il dépend du ministre russe d'en constater l'existence et la gravité. Du Danube à la frontière moldave, ce n'est qu'un long cri de douleur contre la rapine organisée; et ce pays que l'Adresse de l'Assemblée au Hospodar Ghyka représentait comme succombant aux abus, c'est sur son sol que l'administration actuelle trouve encore des sueurs et un sang abondants à sucer. Toutes les classes des habitants étaient satisfaites de leur sort, lors de la retraite de l'administration russe; et voilà que, bientôt après, le clergé dépouillé et honni, les boyards dépouillés de leurs droits et calomniés, la bourgeoisie méprisée, les paysans réduits par la misère au désespoir, doivent se tenir satisfaits de ce qu'on les rend malheureux, parce qu'on le fait au nom du bien public et avec permission : et s'ils se plaignent, c'est qu'ils font métier de la plainte et ne méritent pas d'être écoutés. Et c'est au milieu d'un pareil état de choses que le ministère Impérial n'aurait pas le moyen de connaître la vérité! Qu'il essaye seulement de le vouloir, et il verra!...

Le Hospodar, avant de publier les ordonnances sur la nouvelle loi des élections, parcourut le pays dans tous les sens ; et sans égard pour la loi des avancements qui l'oblige à observer l'ancienneté, et lui accorde seulement, pour récompense au mérite, le droit de faire grâce d'une année de service sur les trois exigées pour obtenir un rang supérieur, il distribua une énorme quantité de titres honorifiques à la classe la plus infime des propriétaires que nous voyons signalée dans la protestation des boyards sous le nom de *résidents*. Après avoir ainsi créé une foule d'électeurs, et leur avoir promis de les rendre seuls maîtres dans les collèges des districts, par l'exclusion des propriétaires aisés mais non résidents, il retourna dans la capitale, où l'on désespérait déjà du salut des lois. Il s'assura enfin une majorité factice jusque dans le grand collége de Bukarest, en mésusant de nouveau et plus audacieusement encore de la loi sur les avancements, ainsi que par l'abolition du vote secret, et il obligea tous les employés à lui présenter leurs bulletins écrits sous les yeux du maître de la police, auquel il confia, en cette occasion, la menée et la surintendance des élections.

Il advint de tout cela que l'Assemblée fut formée de dix-neuf députés des districts, pris uniquement dans la classe des résidents, et de vingt boyards de première classe, ou employés de l'administration, ou récemment créés. Le banc des évêques resta désert, par la vacance des trois évêchés et par l'état habituel de maladie du Métropolitain ; et l'Assemblée, contrairement à la loi, fut présidée par un vieux boyard surnommé TEMPÊTE, parce qu'il est ordinairement peu maître de son jugement et de la fougue de ses colères. Tels étaient les représentants du pays, auxquels le Hospodar avait à rendre compte de ses actes, depuis la suspension des garanties règlementaires. Un discours ampoulé, où l'on essaye de dissimuler la vérité sous l'hyperbole du mensonge, fut prononcé à l'ouverture de la session, et devait prouver à Saint-Pétersbourg que l'administration, si elle était accusée, l'était faussement, puisque le pays, censé représenté par l'Assemblée, ne démentait point les assurances que le Hospodar donnait à haute voix sur sa progressive prospérité. Les comptes des années 1843, 1844, 1845 et 1846, furent sanctionnés sans examen. Les impôts arbitrairement établis, leur perception, et leur application plus arbitraire encore, furent légalisés; le budget fut déchargé d'une nouvelle somme annuelle de 500,000 piastres sur la caisse centrale des monastères, laquelle caisse, avec les 710,000 ps. qu'elle payait déjà, dut contribuer désormais aux dépenses de l'Etat pour 1,210,000 ps., sans espoir de jamais rentrer dans les débours faits à titre de prêt à la vestiarie, de 2,800,000 ps., pour compte du Hospodar, en indemnité de ses frais d'investiture. Une somme de 500,000 ps. fut accordée pour régulariser le mode de tailler le sel dans les carrières, dépense qui ne peut tout au plus aller qu'à environ 200,000 ps. Un impôt universitaire fut établi dans un pays où, comme le comte Kisseleff se plaisait à le répéter, il faudrait au contraire donner des primes pour encourager l'instruction qui est à l'état rudimentaire. La vente des postes faite par le gouvernement seul, avec perte considérable pour l'État, fut légalisée sans aucune observation, même pour le nouvel impôt qu'elle établit par l'élévation du prix de la course. La concession des salines, malgré les profits évidents réalisés par le fermage antérieur, fut accordée sans augmentation de prix et avec prolongation de deux années de jouissance, condition bien onéreuse pour les finances. Le zèle enfin de cette Assemblée alla si loin, qu'elle déclara ne vouloir plus lire les projets que lui présentaient les ministres, mais les voter par acclamation, sans examen et sans discussion. Ainsi furent adoptés: le projet de loi, qui augmente du triple la taxe des appels judiciaires; celui qui détruit le principe règlementaire des trois instances, et dote la prérogative hospodariale du droit de confirmer les arrêts des tribunaux de première et deuxième instance, sans renvoi en appel au divan suprême[1]; celui qui dépouille les évêques de leurs revenus, et abolit

[1] Ce qui était la seule garantie réelle contre les caprices et les passions du pouvoir, puisque cette haute cour de justice, composée de boyards les plus élevés en rang et présumés les plus indépendants, était plus en situation d'échapper à l'influence du Hospodar, qui impose facilement sa volonté aux tribunaux inférieurs.

sur ce point le Règlement et la loi votée,en 1480, sur la régularisation des biens de l'église ; le projet enfin qui accorde la liberté aux Bohémiens des monastères grecs et des évêchés valaques. Cette dernière mesure, prise uniquement dans le but de s'attirer des louanges de la presse européenne en en attribuant l'honneur au Hospodar Bibesko, mérite des explications. Les Bohémiens du clergé en Valachie, esclaves de par la loi, étaient placés, en fait, dans de bien meilleures conditions que les paysans soi-disant libres. En payant de 25 à 30 piastres par an à leurs maitres, pour toute redevance, ils pouvaient se livrer à toutes les industr-es, sans ancune autre obligation envers qui que ce fût. Le paysan, au contraire, soumis au service des dorobantz et de la milice, paye 32 ps. à l'État 3 ps. à la caisse communale, 9 ps. pour la corvée des routes, environ 100 ps. au seigneur, et se trouve de plus en butte à toutes les illégales exigences des employés administratifs et judiciaires qui le réduisent à ces privations proverbiales que l'esclave n'envierait certainement pas au milieu de sa plus grande misère. Le Hospodar Bibesko, en délivrant les Bohémiens, pour augmenter les revenus de l'Etat au détriment du clergé, et pour les assimiler au paysan, a considérablement aggravé leur sort, et cela avec l'imprudence qui est le fond de son caractère, sans avoir préalablement entrepris d'assurer au moins la nourriture de ces tristes populations, la plupart impropres à l'agriculture. Dix mille familles vont de cette manière se trouver livrées à une existence incertaine et précaire, et se fondront bientôt par la misère, les maladies, la faim et les charges excessives qui leur sont imposées, et auxquelles elles échappaient par la protection de leurs maitres: tout cela, pour donner au Hospodar Bibesko la seule gloire qui lui manquait encore, celle de travailler au bonheur de l'humanité! Et cependant nous soutenons que l'abolitionniste le plus déterminé n'aurait point consenti à donner la liberté au Bohémien, pour l'assimiler au paysan soi-disant libre de la Valachie.

La clôture de cette Chambre ardente, formée de la fine fleur du parti des anciens Valaques ou patriotes, fut prononcée après le vote d'une Adresse de remerciements superlatifs au Hospodar pour son excellente administration, son économie et son patriotisme (*sic*). Par contre, les plus amples récompenses lui furent prodiguées. M. Villara passa, du ministère de la justice, à celui de l'intérieur qui est la plus grande charge du pays, et comme une espèce de vizirat; trois autres ministères furent accordées à des favoris de boudoir, lesquels avaient signé un faux témoignage qui servit de base au patriarchat de Constantinople pour casser la décision du Métropolitain relativement au divorce; et les grandes charges judiciaires furent distribuées aux autres boyards, députés du collége de Bukarest. Quant au fretin des soi-disant représentants des districts, ils reçurent des rangs et des places secondaires, avec toute latitude d'aller pressurer leurs localités.

Que faisait donc M. Daschkoff, au milieu de cette orgie politique ? Les priviléges du pays, les traités et les hatti-chériffs, comme les droits des deux hautes Cours, étaient mis en lambeaux ; le Règlement Organique, les principes qu'il consacre, les exemples légués par l'Administration russe, les intérêts de toutes les classes des habitants, étaient foulés aux pieds au profit du Hospodar, de M. Villara et d'une poignée de factieux qui arrachaient jusqu'aux racines du système de légalité et du progrès civilisateur introduit par la Russie. Et le Consulat n'avait d'autre préoccupation que de faire faire silence. Le silence des Valaques! mais il est si facile de l'obtenir ; la Russie a si profondément gravé dans leurs cœurs les sentimens de la reconnaissance et de la vénération pour ses bienfaits passés, qu'ils se résignent à tous les malheurs, plutôt que de recourir, pour se délivrer de leurs oppresseurs de clocher, à des moyens qu'ils savent déplaire à l'auguste Protecteur de leur Pays. Mais profiter du respect et la gratitude d'un peuple pour lui infliger des souffrances au-dessus de ses forces, pour l'avilir et l'écraser ainsi sans pitié, c'est une idée asiatique, indigne de notre siècle et de nos mœurs! Et ce n'est pas assurément celle de l'Empereur Nicolas.

Résumons.

Le Hospodar Bibesko, gouverne depuis quatre ans; il a reçu du pays :

En impôts ordinaires, d'après ses propres budgets.	81,468,083 p^tres^
En impôts extraordinaires . . .	18,072,000
Réserve laissée par Ghyka dans les caisses de la vestiarie. . . .	1,100,000
Réserve laissée par Ghyka dans la caisse centrale.	2,547,000
Revenus de la caisse centrale pour quatre ans, jusqu'au 23 avril 1847 [1].	9,000,000
Réserve de l'hôpital de St-Pantaléon.	650,000
Réserve de l'établissement de bienfaisance de St-Spiridion . . .	70,000
Héritage de l'évêque d'Ardjech. .	200,000
Réserve pour la construction d'un local qui devait servir aux en-	
A reporter. . .	112,907,083 p^tres^

[1] Les revenus de cette caisse n'ont point augmenté sous le Hospodar Bibesko, de ce qu'ils étaient sous Ghyka; et si des abus se commettaient sous Ghyka dans les enchères de ces revenus, il est en conséquence avéré que ces abus se continuent de même sous le gouvernement actuel.

Report. . . .	112,907,083 p[tres]
fants trouvés laquelle a disparu.	377,758
Coupe des forêts du clergé et des hôpitaux.	3,000,000
Exportation des céréales [1]. . .	1,500,000
	117,784,841

A cette somme il faut joindre :

Pour les abus des arrangements forcés	64,000,000
Pour les revenus des évêchés vacants.	2,000,000
Pour les vacances des monastères grecs	1,500,000
Pour dons exigés des monastères grecs à l'occasion de la reconnaissance de leurs abbés, de la confirmation de leurs fermages	
A reporter. . .	185,284,841 p[tres]

[1] Le produit du droit sur l'exportation des céréales ne figure point dans le budget; accordé, sous le hospodar Ghyka, au gouvernement, pour gratifications à ceux des boyards qui auraient mérité par leurs services des récompenses signalées, il ne fut plus sous le Hospodarat actuel qu'une allocation supplémentaire de la liste civile.

Report.	185,284,841 ps.
et des sentences judiciaires qu'ils auraient obtenus, et de mille autre motifs [1]	4,000,000
	189,284,841 ps.[2].

Nous ne parlons pas ici des autres abus qui pèsent sur le paysan, et que nous avons mentionnés dans le récit de l'administration. Il est très difficile d'évaluer en chiffres ces sortes de prestations journalièrement exigées; la somme de 64,000,000 ps. à laquelle nous avons évalué les abus des arrangements forcés, à raison de 16,000,000 ps. par an, renfermera ainsi, avec une estimation de beaucoup au-dessous de la réalité, tous les abus dont se plaint le paysan. Il y a bien aussi une foule d'autres articles, qu'il eût été fastidieux

[1] L'abbé du monastère de St-George avait perdu les titres des terres dépendantes de ce monastère dans l'incendie qui dévora dernièrement une notable partie de la ville de Bukarest. Il demanda que les copies de ces titres qui existaient fussent légalisées ; mais on lui répondit qu'on ne lui accorderait le paraphe nécessaire que moyennant le don d'une terre apportant 65,000 ps. de revenu annuel. On peut juger d'après cela si nous n'avons point évalué au minimum les abus relatifs aux monastères grecs.

[2] Il faut joindre à cette somme environ 2,000,000 ps. que le Hospodar actuel a retiré des ventes fictives des terres de la faillite Mosko.

de relever, comme les malversations qui se commettent dans les caisses de la milice, dans les subsistances de la capitale, dans la caisse du théâtre, etc. nous les passons sous silence.

On croirait difficilement qu'une population de 310,000 contribuables ait pu payer, en quatre ans, le total que nous venons d'énumérer et qui, en argent de France, équivaut à près de 85 millions de francs, si l'on ne s'expliquait ce prodige par la hausse énorme du prix des grains en Europe. C'est cette hausse momentanée qui dissimule la misère réelle du paysan valaque, et l'a mis jusqu'ici en état de suffire à des charges aussi accablantes. Mais une fois que le prix des grains retombera au taux habituel, il y aura crise nécessairement. Et qui pourrait garantir aux Principautés, que des années de sécheresse ne viendront point les rendre elles-mêmes tributaires de pays plus favorisés? Et alors quelles sont les ressources dont le gouvernement valaque disposerait pour nourrir la seconde Irlande qu'il a créée? Déjà, au moment où nous écrivons, une terrible épizootie sévit sur la province; le paysan, dans la plupart des villages, a perdu ses bêtes à cornes, et le gouvernement, qui a consumé le produit des années d'abondance, se voit dans l'impossibilité matérielle d'offrir le moindre secours aux cultivateurs. Nous sommes bien loin des exemples légués par l'administration du comte Kisseleff, qui veillait avec une sollicitude continue sur les intérêts du paysan, et qui, en établissant une sévère économie dans les finances, avait toujours à sa disposition une réserve considérable pour subvenir à des secours de ce genre, sacrifices momentanés, que les gouvernements les plus médiocres savent s'imposer pour préserver et garantir l'avenir des populations. La misère progressive du paysan sous l'administration actuelle, est un fait incontestable. Soit que le système des corvées, par lui-même si onéreux, reçoive encore au moment de son exécution un surcroît de charge qui le rend plus accablant; soit que les injustices qui se commettent pour la levée des recrues aigrissent le paysan; soit que la dureté des employés, se modelant sur l'exemple du maître, ait augmenté; soit enfin que les exigences des fermiers ne trouvent plus d'obstacles, et que le paysan ait perdu toute illusion sur l'efficacité d'un recours à l'autorité supérieure, il est constant, à quelque cause qu'on doive l'attribuer, que le découragement du cultivateur touche à ce désespoir sombre dans les incertitudes duquel ont germé plus d'une fois les insurrections populaires. Que Dieu préserve la Valachie d'une Jacquerie! Mais l'exemple de la Gallicie devait donner cependant à réfléchir au Hospodar Bibesko, qu'il ne suffit point de séduire par des flatteries le Consulat russe, pour préserver ses deux oreilles d'une bourrasque qui emporterait en un clin d'œil, comme le plus petit atôme, tout le système de mensonges et d'hypocrisies par lequel il s'est élevé et maintenu au pouvoir, et qui révèlerait, mais trop tard, au ministère Impérial, les malheurs de la Valachie et les véritables causes de sa situation.

Ainsi, depuis le départ du comte Kisseleff et en treize ans, l'Assemblée valaque est deux fois suspendue; un Hospodar, nommé à vie, est destitué; la loi des élections est bouleversée; les intérêts et l'existence de tout un peuple sont presqu'anéantis, et pourquoi? Pour asseoir sur le trône un homme qui n'y avait d'autre titre qu'une ambition cupide et des promesses dont nous avons vu le résultat, et pour lui conserver un pouvoir discrétionnaire, dont il use en détruisant tout ce que, depuis un siècle, la Puissance Protectrice avait réussi à établir. Nous croyons fermement que la vérité n'est point connue du ministère Impérial ni de l'Empereur Nicolas. Oui, nous le croyons. Si nous avions un seul moment l'indigne soupçon que ce généreux monarque ait pu abandonner la Valachie, en connaissant ses malheurs, nous nous serions abstenu de publier cet écrit qui n'a d'autre but que de réveiller sa commisération pour un peuple malheureux. Mais dans la ferme persuasion du contraire, dans l'intime conviction où nous sommes que l'Empereur et son cabinet ignorent complètement l'état des choses, nous avons tenté de suppléer, au moyen de cette publication, à l'impossibilité où les boyards valaques se trouvent, par la destruction de la loi électorale, d'adresser légalement leurs doléances aux deux hautes Cours.

Puisse cet essai être assez heureux pour attirer les regards de l'auguste et généreux Protecteur de la Valachie, et lui faire connaître enfin la vérité tout entière!

Les boyards valaques, frustrés par la violation de leurs droits de tout moyen légal de faire parvenir leurs humbles plaintes jusqu'au pied de son trône, nous ont prié, nous qui connaissons à fond le malheureux état de leur pays, de les aider de notre concours par la voie de la presse. Et nous savons d'ailleurs qu'ils sont à même de fournir, en cas d'enquête, d'irrécusables preuves à l'appui de ce que nous avons avancé. Nous n'avons donc pas cru devoir leur refuser notre coopération, quelque faible qu'elle fût, sans toutefois abdiquer rien de notre impartialité. Nous avons été fidèle historien, sincère en tout, tant dans le tableau que nous avons tracé de l'administration déplorable du Hospodar Bibesko et des époques qui l'ont précédée, depuis l'origine du protectorat, que dans l'expression de notre respect pour l'Empereur, et de nos sentiments à l'égard de la pensée civilisatrice qui anime le gouvernement russe dans sa politique en Orient.

FIN.

www.ingramcontent.com/pod-product-compliance
Ingram Content Group UK Ltd.
Pitfield, Milton Keynes, MK11 3LW, UK
UKHW022018170726
13837UKWH00001B/265

9 782329 244594